JN343514

# 재미있는 심리학 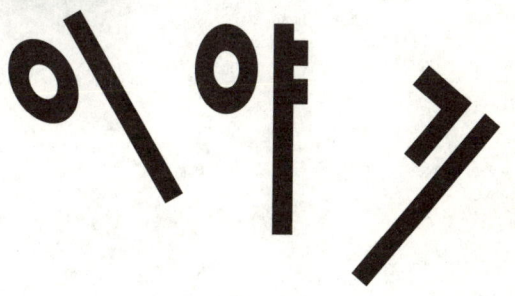 이야기

흥미를 가지면 누구든지 제1인자가 될 수 있다.

미야기 오토야 지음
황 국 산 옮김

태을출판사

## 옮긴이의 말

'심리학'이란 인간의 마음의 변화에 대한 지각(知覺) 상태를 다루는 학문이다. 인간의 마음의 변화(심리변화)는 어떻게 유동 (流動)하고 있는가? A라는 상황에서 B라는 상황으로의 마음의 흐름을 추정하고, 나아가 A라는 상태에서의 마음의 흐름과 B라는 상태에서의 마음의 흐름의 정도를 정리·분석·이해함으로써 특정한 상황에 있어서의 가변적인 인간의 심리상태를 추측하고 진단하는 작업이 곧 심리학의 큰 테두리를 형성하고 있다고 볼 수 있다.

이 책은 한 마디로 '심리학'에 대한 기초 입문서이다. 인간의 마음의 변화와 현상(現象)을 직시하고, 이를 추정하는 일(연구)이야말로 인간인 이상 필수불가결한 것이 아닌가 한다.

특히 오늘날은 우리의 '삶' 자체가 모두 '대인관계(對人關係)'에서 비롯되고 귀결되기 때문에 '심리학'에 대한 이해는 '인생'이라는 주어진 운명의 틀을 어떻게 이끌어갈 것인가 하는 미래지향적인 성격 형성에도 상당한 영향을 미친다고 생각된다.

그래서 현대인라면, 당연히 '심리학'의 이런 부분 정도는 기본 지식을 갖추고 있어야 함이 당연하지 않겠는가 싶어 이 책을 우리말로 옮기기로 결심한 것이다.

어려운 학문으로만 생각되고, 특정인(주로 교육계 종사자)

의 특정 학문인 것처럼 인지되어오던 심리학을 누구나 쉽게 이해하면서 재미있게 읽어나갈 수 있도록 나름대로 꾸며보았다.

이 책을 손에 든 독자 여러분들로서는, '심리학'에 대한 이해는 물론, '읽어보길 잘했다'고 하는 마음이 생기게 될 것으로 믿어의심치 않는다.

옮긴이의 기대 이상으로, 이 책이 독자 여러분의 미지의 삶(현재와 미래)에 상당한 도움을 줄 수 있기를 진심으로 바라마지 않는다. 아울러 인생에 있어서 좋은 쪽으로 변화를 가져오도록 이 책이 독자 여러분의 삶에 지렛대 역할을 할 수 있기를 바란다.

옮긴이 황국산.

## 지은이의 말

이 책의 원고를 쓴 지는 상당한 시간이 지났다. 당시로서는 이 내용이 상당히 새로운 것으로 그 무렵의 개론서에 없는 제목이나 개념을 포함하고 있었다. 그러나 그 후 심리학 각 영역의 발전은 현저하고 새로운 용어도 도입되었기 때문에 여기에 내용을 대폭적으로 수정하게 된 것이다.

이 책에 대해서는 두 가지의 반대 비판이 있었다.

첫째는 본서는 누가 보든지 심리학 입문서로서 쉽게 쓰여져 있고 어디까지나 계몽서이기 때문에 저자에게 장래 본격적인 개론서를 바라고 싶다고 하는 의견이었다.

둘째는 본서는 의외로 어려운 문제를 포함하고 있고, 그 구성이나 개개의 테마에도 독특한 점이 적지 않기 때문에 영어로 번역하면 어떨까라고 하는 권유였다.

나 자신은 이 양쪽 모두 맞는다고 생각하고 싶은 것이다.

나는 가능한 한 쉬운 표현을 사용하기를 원했다.

'대저(大著)는 대악(大惡)이다'라고 하는 레싱의 말에도 불구하고 우리나라에는 대저를 양저(良著)라 오해하고 있는 사람이 많은 것 같고, 형식상의 어려움과 내용상의 어려움을 혼동해서 이해하기 어려운 책은 저항을 느끼는 까닭에 심원(深遠)한 것이라고 오해하고 있는 사람이 있는 것 같이 생각된다. 나는 이와 같은 사고 방식에 저항했다.

  그렇지만 나는 어디까지나 이것을 심리학 개론으로 삼고 싶다고 생각했다. 그리고 니의 견해——본능, 기억, 취지에 있어서는 먼저 한 사람의 흉내를 낸 것이 아니라, 새로운 연구 결과를 받아 들여서 내용을 완전히 일신(一新)했지만, 그것은 어디까지나 내 입장을 떠난 것은 아니다. 원고를 공개한 후, 나는 다음 저서를 같은 취지로 세상에 물었다.

「꿈」

「정신분석 입문」

「성격」

「사랑과 증오」

  여기에서 특히 자세하게 문제로 삼은 부분은 본서에서는 약간 생략하기로 했기 때문에 사사로운 일에 깊이 파고 들어서 검토하고 싶은 분은 위의 저서를 참조해 주기 바란다.

지은이 씀.

♣ 차 례 ♣

☐ 옮긴이의 말 …………………………………………… 5
☐ 지은이의 말 …………………………………………… 7

# 제1편 — 인간성의 기초

## 제1장 / 적응 — 행동의 의미 ………………………… 17
개체와 환경 …………………………………………… 17

## 제2장 / 본능 · 습관 · 지성 — 행동의 기본형 ……… 21
본능 …………………………………………………… 21
습관 …………………………………………………… 24
새로운 환경 …………………………………………… 27
지성 …………………………………………………… 28

## 제3장 / 감정 — 행동의 조작 ……………………… 31
유쾌와 불쾌 …………………………………………… 31
감정의 종류 …………………………………………… 35
정동 …………………………………………………… 37
정동의 표출 …………………………………………… 42

두려움과 노여움 ………………………………………… 44
심신증 …………………………………………………… 47

## 제4장/기질―행동양식의 유형 ……………………… 49
성격과 기질 ……………………………………………… 49
정신병과 기질 …………………………………………… 51
기질과 체형 ……………………………………………… 60

## 제5장/욕구―행동의 동력(動力) …………………… 65
필요와 결핍 ……………………………………………… 65
욕구의 측정 ……………………………………………… 68
욕구와 행동 ……………………………………………… 69

## 제6장/지각―행동의 단서 …………………………… 71
지각과 세계 ……………………………………………… 71
지각 욕구 ………………………………………………… 76
사물의 지각 ……………………………………………… 79
지각과 행동 ……………………………………………… 91
지각의 종류 ……………………………………………… 94

## 제7장/학습―행동의 변용 …………………………… 97
학습이란 무엇인가 ……………………………………… 97
조건 부여 ………………………………………………… 99
습관과 기억 ……………………………………………… 105

## 제8장/주의―행동의 태세 ······111
행동의 방향 설정 ······111
심적(心的) 긴장력 ······114

# 제2편―인간성의 발전

## 제1장/사고(思考)와 언어(言語) ······119
사고(思考)란 무엇인가 ······119
개념과 추상 ······120
사인과 심벌 ······124
제2 신호계 ······129
의미차(意味差) 판별법 ······131
언어(言語)어 실어(失語) ······132
언어적(言語的) 지성(知性) ······140

## 제2장/관념과 심상(心像) ······145
관념·심상·지각상(知覺像) ······145
사고(思考)와 심상(心像) ······148
창조적 상상 ······150

## 제3장/의식과 의지 ······153
적응과 의식 ······153
대기와 의지 ······156

# 제3편 ─ 인간정신의 심층

## 제1장 / 원시반응(原始反應) ······················· 163
부적응시의 반응 ································· 163
지름길 반응 ······································ 164
방위 반응 ········································ 167
맹종 · 거절 반응 ································· 169

## 제2장 / 원시정신(原始精神) ······················· 173
미개인 심리 ······································ 173
무의지(無意志)의 세계 ··························· 176
모방 · 공감 · 암시 ······························· 178

## 제3장 / 무의식의 세계 ···························· 185
의식과 무의식 ···································· 185
무의식의 존재 ···································· 186
무의식과 기억 ···································· 190
무의식과 사고 ···································· 191
무의식과 예술 ···································· 200

# 제4편 ─ 인간의 개성

## 제1장 / 성격(性格) ······························· 207

성격이란 무엇인가 ····················································· 207
성격의 여러 측면 ······················································ 208
승기(勝氣)・약기(弱氣)・강기(强氣) ······················· 211
성격 검사법 ······························································· 220
  롤 샤하 검사
  TAT 검사
  연상어(連相語) 검사

## 제2장/지능(知能) ····················································· 227
지능과 그 단계 ··························································· 227
지능 검사 ·································································· 228
유전과 환경 ······························································· 234

# 제5편—사회적 인간

## 제1장/인간성의 사회화(社會化) ······························· 241
집단심(集團心) ··························································· 241
야생아(野生兒)와 고립아(孤立兒) ······························ 244
성욕과 그 변형 ··························································· 247
자기 보존 욕구와 그 변형 ·········································· 250
지각과 감정의 사회화 ················································ 253
기억의 사회적 틀 ······················································· 262

## 제2장/인간의 상호 관계 ············································ 269

상호 심리학의 기초 ································· 269
일시적 상호관계 ································· 274
지속적 상호관계 ································· 278
상호관계와 지각감정 ······························ 283

## 제3장/집단적 행동 ································· 287
군집심리(群集心理) ································ 287
세론(世論)과 태도(態度) ···························· 291
유행(流行) ····································· 294
선전(宣傳) ····································· 295

□맺음말 ······································· 301

# 제1편
# 인간성의 기초

# 제1장
# 적응 — 행동의 의미

### 개체와 환경

아메바는 음식물에 닿으면 이것을 체내로 받아들이고, 독물(毒物)과 마주치면 몸을 구상(球狀)으로 해서 그 표면을 가능한 한 작게 한다. 거기에는 물체가 외력(外力) 상태로 움직여지는 것과 달리 환경에 대한 작용이 있다.

일반 동물은 아메바에 비하면 그 구조는 훨씬 복잡하고 행동도 아메바와 같이 간단한 것은 아니지만 역시 음식물이 있으면 섭취하고, 위험이 있으면 피하고, 환경에 대해서 적당한 행동을 취하고 있다. 이와 같은 행동을 적응 행동(適應行動)이라고 한다.

적응하기 위해서는 외부의 상황을 파악하고, 여기에 대해서 작용할 뿐만 아니라 체내의 상태에 따른 행동(예를 들면 위가 아프기 때문에 눕는다든가, 피곤해서 잔다든가)을 취하지 않으

면 안된다.
　이런 적응을 실행하기 위해서 어느 정도 진화된 동물에게는 환경의 상태를 느끼고 여기에 따른 운동(반응)을 일으키기 위한 장치가 되어 있다. 이것이 신경계통(神經系統)으로서 '마음 [心]'이라고 하는 것은 신경계통에 의해서 외계(外界)에 적응하는 현상이다. 적응은 반드시 성공한다고 말할 수 없다. 또한 무생물의 운동에 가까운 행동도 없는 것은 아니다. 그러나 적응

을 떠나서 '마음[心]'이라고 하는 것을 생각할 수는 없다.

　마음이란 무엇인가.

　옛날에는 '마음'이라고 하는 '물체'가 있다고 생각했다. '책상'이라고 하는 '물체'가 있고, '꽃'이라고 하는 '물체'가 있듯이 '마음'이라고 하는 '물체'가 있다고 믿고 있었다. 아마도 지금도 그렇게 생각하고 있는 사람이 있겠지만, 오늘날의 심리학자에게 있어서는 '마음'은 '물체'가 아니라 '작용'이다. '다리'가 '걸음'이라고 하는 '것'을 움직이고 있는 것이 아니듯이 신경계통이 '마음'이라고 하는 '물체'를 움직이고 있는 것은 아니다. 걷기가 '다리'의 '작용'이듯이 '마음'은 신경계통의 '작용'이다. '마음'이라고 하는 말을 사용하지 않고, 보통 '정신현상(精神現象)'이라든가 '행동'(느끼는 것도 생각하는 것도 여기에 포함된다)이라든가 하는 것은 '마음'이라고 하는 '물체'가 다소 오해받는 것을 피하기 위해서이다. 심리학은 정신현상 또는 행동을 연구하는 과학이다.

## 제2장
## 본능·습관·지성——행동의 기본형

### 본능

고양이가 쥐를 뒤쫓는 것도, 거미가 집을 만드는 것도 모두 외계에 대한 적응이다. 그러나 보통 고양이는 아직 한 번도 본 적이 없는 쥐와 같은 작은 동물을 뒤쫓고, 거미는 한 번도 만드는 연습을 한 적이 없는데 집을 훌륭하게 완성시킨다. 이것은 천성적(天性的)으로 가지고 있는 적응의 형태이다.

어떤 종류의 벌은 알을 낳으면 그것이 부화했을 때를 준비해서 그 옆에 음식물을 준비해 둔다. 이 음식물은 살아 있는 벌레인데 침으로 찔러서 신경을 마비시켜 움직일 수 없게 해 둔 것이다. 더구나 이것은 알이 부화한 후, 스스로 음식물을 찾을 수 있을 때까지 꼭 충분한 양에 상당한다.

동물은 이와 같이 천성적인 적응 방법을 가지고 있다. 그것은 어느 건물의 어느 방이라도 열 수 있는 마스터키와 같은 것으로

서, 이와 같은 행동 형태를 본능(本能)이라고 한다.
 본능은 생물의 '종(種)'에 따라서 일정한 천성적인 행동 양식이다.
 그렇지만 본능적 행동이 (1) 같은 종류의 동물이라도 완전히 일정한 것은 아니라는 점, (2) 절대로 고정되어 있어 태어난 후에 전혀 변하지 않는다고 하는 것이 아니라는 점, (3) 태어난 순간부터 완성되어 있는 것은 아니라는 점에 주의하지 않으면 안된다.

우선 본능이 '종'에 따라서 일정하다고 생각하고 있었던 시대가 있지만, 이것은 사실이 아니다. 종에 따라서 거의 일정한 신장이나 체중에도 개인에 따라서는 차이가 있듯이 본능도 개체에 따라서 차이가 있다.

다음에 보통 고양이는 쥐를 뒤쫓지만, 생후 5개월이 지난 고양이는 쥐가 나타나도 아무렇지 않게 있다가 쥐가 달리기 시작한 후 비로소 이것을 뒤쫓았다고 하는 보고가 있고, 고양이에게 쥐를 보이면서 전기로 쇼크를 주자 결국에 고양이는 쥐를 보면 달아나게 되었다고 하는 실험도 있다. 천성이라고 하는 의미는 태어난 후 이 조건이 보통인 한 일정한 행동을 취하기 쉽다고 하는 말이다.

더욱이 본능적 행동이라고 하는 것이 천성이라고 해도 성숙이 관계하고 있어(제비는 알에서 부화해서 곧 날 수는 없지만, 일정한 시간이 지나면 날게 된다. 더구나 갑갑한 상자 속에 넣어 날 수 있는 기회를 주지 않아도 어느 연령이 되어서 뚜껑을 열면 하늘로 날아 오른다.) 생후의 연습 결과 차차 완성된다.

닭의 병아리는 태어나서 곧 곡물을 쪼아 먹는 운동을 한다. 그러나 첫날부터 완전하게 할 수 있는 것이 아니고, 처음에는 옆을 쿡쿡 쪼아 먹거나 도중에 떨어뜨리거나 하며 제대로 할 수 없다. 어느 학자가 연구한 결과에 따르면 첫날은 대략 15%, 제5일째가 되어서 72%, 제15일이 되어 85%로서 100% 성공한 적은 없다. 더구나 그것을 쿡쿡 쫌으로 인해서 점차 연습이 완성되어가는 것이다(플리드, 셰퍼드).

 많은 실험 결과에 따르면 먹이 쪼기는 신경계통이 저절로 발달하기 때문에 살 되는 것은 사실이지만 역시 연습이라고 하는 것이 필요하며, 천성적으로 정비되어 있는 것은 아니다.

 옛날의 심리학에서는 본능이라고 하는 능력이 있다고 생각하고 있었지만, 오늘날에는 서술했듯이 본능은 천성적으로 가지고 있는 행동 형태라고 간주된다. 따라서 본능은 하등동물(下等動物)에게서는 거의 순수한 형태로 보이지만, 고등동물(高等動物)에게서는 일반적인 적응행동의 토대가 되고 있는데 불과하다.

 음식물을 섭취해서 입에 넣고 씹는다——이것은 비교적 정해진 형태의 것으로 천성이고 본능이지만 어떻게 음식물을 발견할까, 선택할까라고 하는 문제가 되면 생후(生後)의 경험이 깊이 관계된 것으로서, 소위 본능적 행동에는 진성 본능(眞性本能)과 가성 본능(假性本能)의 두 가지 요소가 있다고 해도 좋을 것이다.

### 습관

 어느 건물의 모든 방을 열 수 있는 마스터키가 본능이었다. 이것으로 그 건물이라고 하는 일정한 환경의 문을 열 수 있다.

 그렇지만 이 마스터키는 신축된 딴 건물에는 쓸모가 없기때문에 나중에 이 딴 건물의 각 방을 여는 마스터키를 만들지 않으면 안된다. 이 나중에 만드는 마스터키에 해당하는 것이 습관이라고 하는 적응 행동의 형태이다.

생활을 하고 있는 사이에 유사한 환경과 부딪치는 경우는 상당히 많다. 아침에 태양이 떠오르고, 저녁에는 어두워진다. 이 리듬은 항상 똑같이 반복되고 있기 때문에 우리들은 매일 유사한 환경에 당면한다. 항상 어느 시각에 주인이 나와서 개에게 먹이를 준다고 하면 개에게 있어서 유사한 환경이 반복되기 때문에 일정한 행동 방법으로 적응할 수 있다.

이와 같이 해서 생후 우리들은 일정한 행동 양식을 몸에 익힌다. 이 행동 양식을 습관이라고 한다. 이 제2의 바스터키 덕분으로 상당히 많은 문을 열 수 있는 것이다.

인간의 행동은 걷든, 먹든, 생각하든, 묻든 거의 습관이라고 하는 일정한 행동 양식에 의해 이루어진다.

본능이 일정한 행동 양식이라고 해도 개체에 따라서, 상황에 따라서 다르다는 사실은 위에 서술한 바와 같지만, 같은 습관도 개개인에 따라서 어느 정도는 다르며, 실제 상황에 따라서 변화하는 것은 물론이다.

습관은 후천적으로 만들어진 것이기 때문에 그 후의 조건으로 없어지는 경우도 있지만 강고하게 만들어진 것은 그 인간의 일생의 행동을 지배한다. 그래서 습관을 단순한 행동 양식으로 간주하지 않고 개체를 움직이는 힘으로 생각하는 사람도 있다 (듀이, 위드와스, 투러먼).

선원 생활을 오랫동안 하고 있던 사람은 후에 은행가가 되어도 습관적으로 바다를 그리워하고, 음악가는 만년에 은퇴한 후에도 악기를 손에 들려고 하며, 가난했기 때문에 인색한 생활 방식을 취해오지 않으면 안되었던 사람은 큰 부자가 되어도 인색한 행동을 한다고 하는 예를 제시하고, 올포트는 일단 습관이 형성되면 다른 욕구로부터 독립한 욕구가 생기기를 주장했다. '기능적 자율성(機能的 自律性)'설이다.

그러나 나는 본능의 경우와 마찬가지로 습관을 행동을 움직이는 힘으로 생각하지 않고 단순히 후천적으로 형성된 행동 양식으로 간주해 둔다.

## 새로운 환경

　본능과 습관은 일정한 상황에 대한 일정한 적응 방법이기 때문에 건물의 각 방 문을 여는 마스터키에 비유했다. 그것은 한 건물에서는 어느 방이나 열 수 있지만 다른 건물의 방을 열 수는 없고, 특별한 방에 대해서는 쓸모가 없다. 본능이나 습관은 환경이 항상 같다면 쓸모가 있지만, 환경이 변하면 소용이 없는 것이다.
　고양이가 새끼를 낳은 후, 새끼 고양이가 멀리 가면 어미 고양이는 새끼 고양이의 목을 물어서 데리고 되돌아온다.
　이 데리고 되돌아오는 행동은 새끼가 어느정도 크면 하지않는다. 그럴 필요가 없기 때문이다. 그러나 새끼 고양이가 커졌을 때, 다른 어미 고양이에게서 태어난 작은 새끼 고양이를 넣어주면 데리고 되돌아오기를 한다(위스너, 시어드).
　보통 '작은 새끼 고양이를 데리고 되돌아온다'고 하는 방법은 자신의 새끼를 지키기 위해서 하는 행동이지만, 다른 고양이의 새끼라고 해서 구별하지는 않는다. 본능이라고 하는 것은 마스터키와 마찬가지로 대충 되어 있는 것으로서, 어떤 범위의 자극(해발자극 ; 解發刺戟)에 대해서 반응하는 것이다.
　'날아서 불로 뛰어드는 여름 벌레'——본능적 행동에 있어서 저만큼 훌륭한 곤충이 스스로 생명을 불 속에서 잃는 것은 어째서일까. 아마도 어떤 종류의 곤충은 야간에 달맞이풀과 같은 꽃에 날아가서 꿀을 빠는 본능을 가지고 있음에 틀림없다.
　'밝은 물체로 날아 간다'고 하는 극히 당연한 행동 방식이 오랫동안 그것들을 꽃에 집근시키고 있었고 환경에 적응시켜 왔던 것이리라. 그러나 최근——생물의 역사에서 보면 매우 최근이다—— 인류라고 하는 동물이 불이라고 하는 것을 발견하기에 이르렀다. 이것으로 환경이 변화했기 때문에 밝은 물체로 날아간다고 하는 천성적인 마스터키는 오히려 곤충의 생명을 빼앗게 되었다. 본능적 행동은 이 경우에는 오히려 적응을 불가능하게 만들고 있는 것이다.

물고기는 갯지렁이나 지렁이와 같은 작고 움직이는 것을 먹는 본능을 가지고 있다. 그 덕분에 음식물을 먹고 자기의 생명을 유지하고 있지만, 인간이 생각해 낸 낚시 바늘에 매달린 먹이를 피하는 본능을 가지고 있지는 않다. 환경이 이와 같이 변화했다면 기성 수단으로는 안되는 것이다.

습관에 대해서도 마찬가지로서, 동물은 완전히 적응하기 위해서는 환경이 변했을 경우에도 사용할 수 있는 방법을 준비하지 않으면 안된다.

## 지성

첫째로 동물에게는 새로운 정황에 적응하기 위한 특별한 본능이 있다. 방 속에서 갈피를 못 잡고 헤매던 새가 문이 있는 곳에서 바동바동한다. 바동바동 맹목적인 운동을 반복하고 있는 사이에 우연히 열린 장소와 부딪쳐서 벗어날 수 있다. 이 '운동 폭발'이라고 불리고 있는 본능은 변화된 환경에 적응하는 수단이다.

한 과학자는 인간이 소위 히스테리를 일으키고 난폭한 것도 이 본능의 잔로라고 생각했다. 매일 밤 남편의 귀가가 늦는다고 할 때, 냉정하게 남편을 설득하거나 적당한 조치를 취할 수 없는 여성이 발끈해서 찻잔이나 접시를 던지고 멱살을 잡고 마구 고함친다. 이와 같은 방법에 의해서 남편을 쩔쩔 매게 하고, 그 귀가를 빠르게 한다면 그녀의 목적은 달성되게 된다. 이와 같은 경우는 확실히 동물의 운동 폭발을 연상시킨다.

둘째로 고등 동물은 새로운 환경에 당면했을 때 항상 바동바동 맹목적인 운동만 하지 않는다. 그때의 정황을 파악해서 '전망'에 따라서 그 환경에 대처해서 그 행동을 성공으로 이끈다. 길을 돌아서 가는 것도, 도구를 사용하는 것도, 인간이 도구를 만드는 것도 이와 같은 적응 방법이다. 이것에 관해서는 침팬지에 관한 케일러의 유명한 연구가 있다.

높은 곳에 바나나를 매달아 두면 침팬지는 여기에 덤벼들려고 하지만 좀체 잘 되지 않는다. 상자가 옆에 있지만 상자를 밀어 보거나, 차 보거나, 침착하지 않은 모습이다. 그럭저럭 하는 동안에 갑자기 상자 앞에 멈춰 서서 그것을 붙잡고 몹시 급하게 바나나 밑으로 잡아 끌고 갔다고 생각하자, 상자에 올라가서 힘껏 뛰어올라 바나나를 비틀어 따 버렸다. 원숭이는 지금까지 한 번도 경험한 적이 없는 사태에 직면해서 상자를 가지고 와 바나나를 딴다고 한다. 행동에 성공했다. 원숭이에게 있어서는 바나나가 목적이기 때문에 상자를 움직인다고 하는 것은, 말하자면 길을 돌아서 가는 행위와 같다. 이와 같이 길을 돌아서 가는 방법을 간파하기 전에 성공의 원인이 있었던 것이다.

이 경우 (1) 침팬지는 단, 상자만 누여겨 본 것이 아니고, 바나나에만 주의한 것도 아니다. 바나나와 상자를 포함한 전체적 정황을 파악하고 있다. (2) 간신히 운동 폭발을 연상시키는 행동을 보이지만, 운동 폭발을 반복한 결과가 아니라 '곧' 성공하고 있다. (3) 상자는 다른 상자라도 좋고, 어떤 것이라도 디딤대가 되면 괜찮다. 다른 실험에서 침팬지는 막대기를 도구로 사용하여 우리 사이에서 바나나를 끌어 당기자, 다음에는 밀짚이든 헝겊 조각이든, 뭐든지 이용하려고 했다. 즉, 이 도구는 '이' 상자라든가, '이' 막대기라고 하는 특수한 것이 아니라 '끌어 당길 것'이라고 하는 일반적인 성질을 가지고 있는 것이다.

이 침팬지와 같은 행동을 '지적(知的)'이라 하며 지적인 행동 양식을 지성(知性)이라고 한다. 이와 같은 방법으로 침팬지는 새로운 환경에 적응했던 것이다. 지성은 새로운 환경에 대한 적응 방법이다.

## 제3장
## 감정 — 행동의 조작

### 유쾌와 불쾌

 동물이나 인간의 환경에 적응할 때의 행동을 2종류로 크게 나눈다.
 하나는 먹이 쪽으로 가든가 이성에게 접근하듯이 끌리는(플러스의) 반응이고, 또 하나는 독물을 피한다. 적으로부터 달아나려고 하는 것처럼 떨어지는(마이너스의) 반응이다.
 원숭이는 물질의 색, 크기, 냄새, 맛 등 물질의 성질을 감지함과 동시에 여기에 손을 대는 플러스 태도를 취하고 또한 이것을 던져 버리는 마이너스 태도를 취한다. 개는 인간의 신장이나 얼굴 생김새나 옷의 색깔이나 모양 등을 인지할 뿐만 아니라, 꼬리를 흔들며 접근해 오는 플러스 반응을 보인다든가 피해 가는 마이너스 반응을 취한다.
 인간은 플러스 반응일 때는 유쾌를, 마이너스 반응일 때는 불쾌를 느낀다(때로는 노여움이나 공격과 같이 이 두 반응의 경향이 동시에 가해지고 있는 경우가 있다).

　우리들이 어떤 것을 보거나 듣거나 할 때, 어떤 것을 생각할 때, 보통 이 어느 쪽인가의 태도——가치부여의 태도——가 수반되고 있는 것이다.

　유쾌——불쾌는 가장 단순한 가치부여이지만, 인간의 가치부여는 일반적으로 더욱 복잡하다. 아름답다든가, 추접스럽다든가, 사랑스럽다든가, 밉다든가 하는 것은 모두 가치부여다.

　이성을 본다. 그 키가 몇 미터 쯤이며, 얼굴이 둥글고, 눈이 크고, 코가 높다고 하는 사실을 인지한다. 그러나 그것 뿐만은 아니다. 우리들은 이 사람이 아름답다, 느낌이 좋다고 해서 플러스 태도를 취하고, 또 보기 흉하다, 불쾌한 느낌이 든다고 하는 것처럼 마이너스 태도를 취한다. 가치부여를 하는 것이다. 가치부여라고 하면 계산해서 그 가치를 찾아내는 것 같지만, 여기에서 가치부여라고 하는 것은 좀 더 넓은 의미이다. 이 이성은 시각이나 청각의 자극을 줄 뿐만 아니라 플러스, 마이너스의 가치부여를 시켜서 근접이나 도피라고 하는 것 같은 행동으로 몰고 간다.

　요컨대 행동에는 사물(정황)에 대한 주체 태도 혹은 가치부여가 수반되고 있다. 이것을 감정이라고 한다.

　유쾌는 우리들에게 있어서 적당한 것, 불쾌는 적합치 않은 것이다. 유쾌를 원하는 것은 적응하는 것이고, 불쾌를 느끼는 것은 부적응의 증거이다.

　그러나 도대체 유쾌를 일으키는 것은 반드시 좋은 것이고,

도움이 되는 것일까. 불쾌를 일으키는 것은 항상 나쁜 것이고 유해(有害)한 것일까.

또한 유쾌를 원하면 적응에 도움이 되고, 불쾌를 피하면 해를 피할 수 있을까.

확실히 일반적으로는 유쾌를 일으키는 것은 유익하고, 불쾌를 일으키는 것은 유해하다. 당분이 부족했을 때 단 것은 상쾌함을 준다. 당분이 영양으로 필요하기 때문이다. 그러나 단 것이라도 지나치게 먹으면 불쾌함을 느낀다. 그 만큼은 필요하지 않기 때문이다. 썩은 음식물 등 독이 될 것 같은 것은 불쾌해서 먹을 수 없다.

몸의 상태가 좋을 때는 유쾌함을 느끼고, 나쁠 때는 불쾌함을 느낀다. 상쾌가 정상적인 몸의 작용에 수반되고, 불쾌가 그 반대라는 사실은 아리스토텔레스가 설명한 대로이다.

그러나 이것은 절대적이 아니다. 사카린은 달아서 쾌감을 주지만, 영양이 되지 않는다. 이빨이 나는 것은 언어에 필요한 일이지만 아파서 불쾌하고, 출산은 중요한 일이지만 고통을 수반해서 불쾌하다. 더욱이 '좋은 약은 입에 쓰다'고 하는 말은 우리들이 일상 경험하고 있는 사실이다.

또한 암과 같은 지독한 병에 고통이 없는 경우가 있고, 충치와 같이 아무 것도 아닌 병에 심한 불쾌가 수반되듯이 몸에 적합치 않은 정도와 불쾌의 정도가 평행하지 않는 것도 사실이다.

그렇지만 이것은 첫째, 본능적인 실수와 같이 평균적인 환경에 적응하게 되어 있고 예외적인 환경에는 적응할 수 없기 때문이다. 단 것은 일반적으로는 당분이고, 아주 옛날에는 사카린과 같은 물질은 없었다. 단 것에 유쾌함을 느끼고 이것을 추구하는 것은 안성마춤이다.

둘째로 몸의 일부분의 유쾌──불쾌는 개체, 전체의 유쾌──불쾌와 반드시 양립하지 않는다. 종기를 수술해서 잘라 내는 것은 개체를 위해서는 좋은 일이지만, 일부분이 손상을 받는 것은 사실이다. 일반적으로는 손상으로 인하여 불쾌를 줄 수 있는 것은 이것을 피하게 하려고 하는 것으로서 적응을 위해서

다.

셋째로 유쾌——불쾌가 뇌(腦)의 일부분의 자극으로 인해서 적응과 관계 없이 발생하는 것도 사실이다. 뇌의 어떤 부분에 전극을 집어 넣어 두고, 쥐가 횡목을 누르면 전류가 통하는 장치를 만들어 둔다. 쥐는 전기 쇼크를 피하기는 커녕 횡목을 눌러서 전기 쇼크를 원한다. 때로는 1시간에 800번 이상이나 횡목을 눌러서 지쳐 쓰러질 때까지 이것을 계속했다고 한다(이와 같은 실험은 원숭이나 고양이에서도 이루어졌다).

이 쾌감 중추에서 불과 0.05센티미터밖에 떨어져 있지 않은 곳은 '고통 중추'로 불쾌를 주는 것 같다(올즈).

적응 행동은 이런 중추와 연결되어 있어 일반적으로는 개체에 알맞을 때에는 쾌감 중추가 흥분하고, 유해할 때는 고통 중추가 흥분하지만 반드시 이와 같은 연결이 없는 경우도 있을 것이다.

쥐가 쾌감 중추의 흥분을 구하는 이상으로 인간은 알콜을 마시고 마약을 즐기며 '쾌감 그 자체'를 구하는 경우가 많다.

### 감정의 종류

감정의 토대를 이루는 것은 위에 서술한 단순한 유쾌——불쾌이지만 감정에는 이와 같은 단순한 것 외에 복잡한 것, 일시적인 것, 지속적인 것 등 많은 종류로 구별할 수 있다.

보통 감정을 나타내기 위해서 이용되는 용어는 다음 4종류로서, 이것은 제1 그림과 같이 도시(圖示)할 수 있다.

제1그림

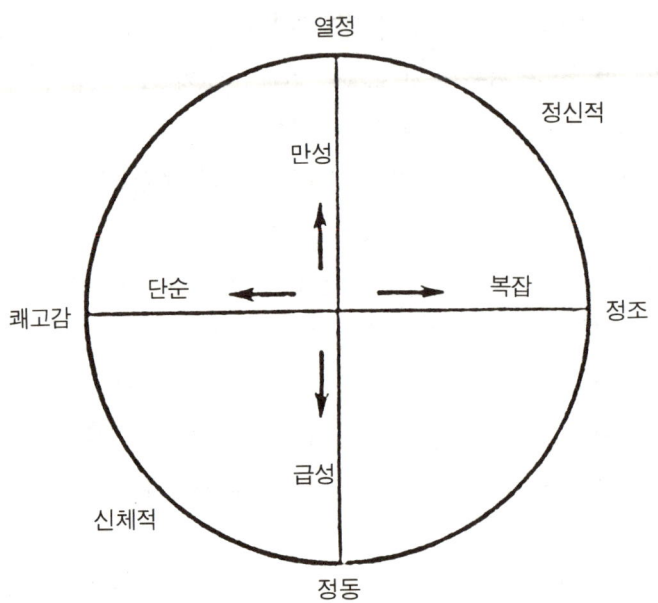

쾌고감(feeling)
일에 대한 단순한 플라스 또는 마이너스의 태도. 단순감정이라고도 한다.
　정동(emotion)
노여움, 두려움 등 급성이고, 강렬하여 행동에 대한 경향(공격이나 도피)이 강한 것.
　열정(passion)
정동이 지속되는 것. 원한, 질투, 애정 등
　정조(sentiment)
지속적이고 복잡한 쾌 ― 고감, 일정한 사물에 대한 지속적인 감정경향으로 두려움, 기쁨, 노여움 등의 감정을 일으키는 것. 또는 종교적, 도덕적, 미적(美的) 등의 감정.
　정성(情性) 또는 감동(affection)이라고 하는 말로, 쾌고감과 정동을 한데 종합해서 지성 및 의지에 대립시키는 경우도 있다.

이 그림은 쾌고감(快苦感), 정동(情動), 열정, 정조의 차이를 나타냄과 동시에 이것들이 완전히 다른 것이 아니라 모든 감정 상태는 이 원 어딘가에 위치 지워지고, 많건 적건 정동력, 많건 적건 열정적, 많건 적건 쾌고감적, 많건 적건 정조적이라고 해야 한다는 사실을 나타내고 있다.

이 중 정조, 열정은 사회적인 것이기 때문에 후에 언급하기로 하고, 여기에서는 정동을 다루기로 한다.

## 정동

노여움이나 두려움의 경우에 볼 수 있듯이 정동은 내장(內臟)이나 혈관(血管)에 격렬한 변화를 일으킨다. 화가 나서 핏대를 올리거나, 무서워서 심장이 두근두근하거나, 부끄러워서 식은 땀을 흘리거나 하는 것은 모두 정동에 수반되는 변화다(정동은 이전에 정서라고 부르고 있었지만 절대 정서 전면이라고 하는 말로 표현되고 있는 것처럼 조용한 것이 아니라, 대개 '실마리'에 비유한 '정서'라고 하는 어감으로부터는 떨어져 있다. 그것은 emotion이라고 하는 말이 나타내듯이 '움직임'이 있는 것이다).

신경계통에는 두 가지의 종류가 있다. 하나는 뇌척수 신경계(腦脊髓 神經系)이며, 다른 것은 자율 신경계(自律神經系;식물신경계)이다. 전자는 인간의 경우, 의지로 좌우할 수 있는 부분(보통의 근육, 즉, 심장 이외의 횡문근)을 지배하고, 후자는 내장의 근육(이것은 평활근인데 심장의 근육 안은 예외적으로 횡문근이다)및 타액선(唾液腺) 그밖의 선(腺)과 같이 의지로

제2그림

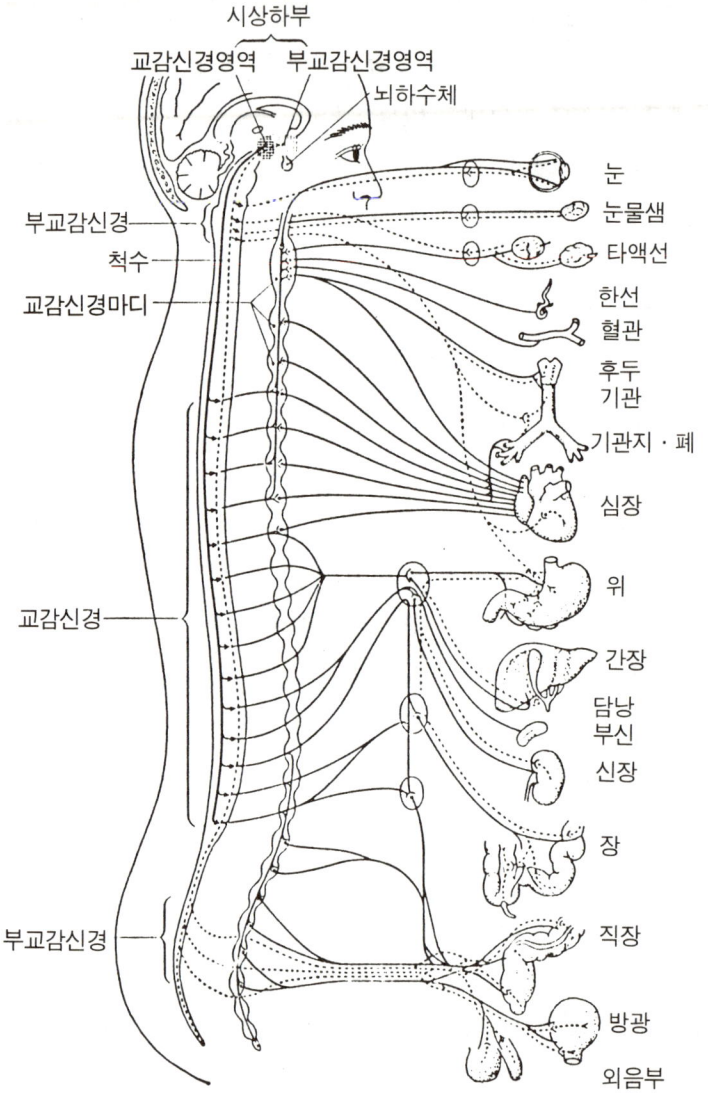

좌우할 수 없는 부분에 관계하고 있다 (의지로 좌우되지 않기 때문에 자율신경이라고 하는데, 이것은 영양이라든가 환경이라든가 하는 식물에도 어떤 기능에 관련이 있기 때문에 식물신경이라고도 불리고 있다.).

손을 올리려고 한다. 의지에 의해서 손은 올릴 수 있다. 뇌척수 신경이 명령을 대뇌피질(大腦皮質)로부터 손 근육으로 전달하며 이것을 움직이게 해서 손을 올리게 하는 것이다. 시험장 등에서 심장이 두근두근할 때, 의지로 이것을 진정시키려고 해도 할 수 있는 것이 아니다. 심장의 근육은 의지에 의해서 움직일 수 있는 것이 아니다. 음식물을 잘 씹어서 먹으려고 생각한다. 뇌척수 신경에 의해서 씹기에 필요한 근육을 움직여서 몇 번이나 씹을 수 있다. 그렇지만 '오늘은 너무 먹었기 때문에'라고 해서 위(胃)의 운동을 활발히 하여 빨리 소화하려고 생각해도 수용 없다. 위의 운동은 뇌척수 신경에 의해서 지배되고 있지 않기 때문에 의지로는 어쩔 수 없다. 위를 움직이는 것은 자율신경의 흥분에 의하는 수밖에 없다.

정동의 경우에는 자율신경이 작용한다. 의지로 심장을 두근두근거리게 하는 일은 불가능하지만 자전거를 타고 절벽 위를 통과해 보면 된다.

'두려움'이라고 하는 것 같은 정동을 일으킴으로 인해서 심장은 두근두근거린다. 어떤 종류의 약을 주사한다고 하는 것처럼 신체에 직접 영향을 주는 경우는 별도이지만, 정동을 매개로 하지 않는 경우는 심장의 운동을 활발히 하거나 진정시키거나 할 수는 절대로 없다. 정동의 경우에는 자율신경계가 작용하는 것이다.

 이 자율 신경계는 다시 교감신경(交感神經) 및 부교감신경(副交感神經)이라고 하는 두 부분으로 나눌 수 있다. 교감신경과 부교감신경은 반대 작용으로 균형을 잡고 있다 (전자는 라틴어로 nervus sympathicus, 후자는 nervus parasympathicus다. 파라라고 하는 것은 부(副)라고 번역해야 하는 경우도 있지만, 파라슈트나 파라솔 등의 파라에서는 슈트 '낙하'나 솔 '태양'에 대항해서 이것을 예방한다고 하는 의미다. 이 경우도 교감신경에 대항한다고 하는 의미에서의 파라이기 때문에, 오늘날 일반적으로 사용되고 있는 역어이지만 '부(副)'라고 하는 것은 적역(適譯)이 아닌 사실은 항교감신경이라고도 번역해야 할 것이다).

 교감신경 쪽은 화가 났을 때, 두려울 때 등에 흥분하고 싸울 때, 다툴 때, 태세를 취할 때에 안성마춤인 작용을 한다. 심장의 작용을 재촉하고 혈액을 쉴 사이 없이 잇달아 보내고, 동맥을 단축시켜서 혈압을 높이고 신체 구석구석의 근육에까지 혈액을 공급시킨다. 또한 폐(肺)의 운동이 활발해지기 때문에 혈액은 신속히 깨끗해지고, 부신(副腎)에서는 아드레날린이 분비되어 그 영향으로 간장에서 에너지의 근원이 되는 당을 혈액 속으로 방출하기 때문에 갑자기 힘을 낼 수 있어 피로해지는 경우가 적다(때로는 혈액 중의 당분이 매우 많아져서 스포츠의 시합 전, 시험 전 등에는 소변 중에 당이 나오는 경우도 있을 정도다).

 교감신경의 흥분은 이와 같이 '태세를 갖추게 해' 전투에 적합한 상태를 만든다. 교감신경이 흥분했을 때에는 졸리지 않게

되고, 전쟁에 불필요한 식욕이나 성욕은 억제되며 소화나 성적 기능에 브레이크가 걸린다. 동공이 커지는 것은 특히 원시시대 혹은 그 이전에는 어두울 때 위험이 많았기 때문이라고 설명하는 사람도 있다.

　정동의 영향으로 교감신경이 흥분하면 축 늘어져 있던 사람도 긴장하고, 사랑하는 연인도 성적 감정을 잃고 굶주린 사람도 공복(空腹)을 잊는다.

부교감신경은 이것과 반대로 '병화석'이다. 부교감신경이 작용하면 호흡이나 심장의 고동은 편안해지고, 타액이나 위액이 많이 나와서 음식물을 소화하고 성적 흥분이 일어나기 쉬운 상태가 된다.

자율 신경계의 활동 중심은 부교감신경이라고 하는 생각이 유력시되고 있지만, 교감신경과 부교감신경이 균형을 잡고 작용하고 있다는 사실을 부정할 수 없다.

## 정동의 표출

이와 같이 정동은 신체적 변화로 나타나기 때문에 이 표출을 연구하는 것이 감정 심리학의 주된 문제가 되고 있다. 맥박이나 호흡의 크기, 그 수 등은 정동이나 상쾌, 불쾌의 감정과 관계가 있고, 혈압 등의 변화도 정동의 흥분을 표출한다. 범인이 아닐까 라고 하는 의심이 있는 사람에게 사용하는 거짓말 탐지기라고도 할 만한 것이다.

이 속에는 정신 전기 반응의 기록도 포함되어 있다. 정동에 의해서 피부의 전기저항이 변화하기 때문에, 피부로 전혀 느끼지 못할 정도의 사소한 전류($6V$, $100u\ell A$ 이하)를 통하고, 이 전류의 변화를 관찰해서 정동의 흥분 정도를 측정한다. 트럼프를 10장(예를 들면 다이아의 8, 클로버의 3, 하트의 Q……등) 피험자에게 건네주고 그 중에서 1장 선택하게 한다. 이 한 장은 피험자만 알고 있다. 실험을 하는 사람은 '다이아의 8입니까, 클로버의 3입니까'라고 단지 이 10장을 소리내어 읽어 갈

뿐 피험자에게는 이 모두에 대해서 '아니오'라고 대답하게 한다. 자신이 선택한 카드에 대해서도 '아니오'라고 답하지 않으면 안된다. 다른 카드의 경우에는 바늘은 별로 움직이지 않지만, 선택한 카드에 대해서 '아니오'라고 답하면, 그 순간 바늘이 훨씬 흔들리며 큰 물결이 기록된다.

물론, 이와 같은 기계는 정동의 표출을 보는 것이기 때문에 거짓말을 해도 감정을 움직이지 않는 사람이 있다면 이 기계로는 적중하지 않는다. 그러나 간단한 실험의 경우에는 90% 정도의 적중률이 있다.

이 외에도 수족(手足)의 체적(體積) 변화나 위의 운동을 조사하거나 소변이나 혈액의 물리적, 화학적 검사를 실시하거나 해서 정동의 표출을 연구하는 경우도 있다.

강한 정동이 신체적 변화를 일으키는 것은 쇼크를 받고 갑자기 백발이 늘었다든가, 고뇌 때문에 눈에 띄게 늙어 버렸다든가 하는 사실에서도 알려져 있지만, 때로는 정신적 쇼크로 죽는 경우도 있으리라고 생각된다(자율신경의 흥분으로 인해서 혈액 순환의 변화를 일으키기 때문이라고 설명되고 있다.).

정동은 내장에 변화를 일으킬 뿐만 아니라 근육의 변화도 일으킨다. 자율신경계는 감정에 관계가 있지만 자율신경계의 변화가 모두 감정 변화를 동반하는 것도 아니고, 감정 변화가 자율신경계만의 반응을 나타낸다고는 할 수 없다. 표정 중에는 확실히 자율신경계의 변화로 인한 것도 있겠지만(깜짝 놀라서 '열린 입이 닫혀지지 않는다'라고 하는 것은 자율신경의 반응으로 인해서 근육의 토누스(긴장)가 감퇴했기 때문이며, 이것이

새파랗게 질린 얼굴 등과 함께 공포의 표정을 만든다.) 달아난 다, 달리기 시작한다, 숨는다, 큰 비명을 지른다——이와 같은 동작은 물론 근육의 변화로 인해서 발생한다. 얼굴 표정도 마찬 가지로써, 일상 우리들은 화난 태도, 슬픈 듯한 얼굴, 기뻐하고 있는 얼굴 등으로 그 사람의 정동을 살피고 있는 것이다.

**두려움과 노여움**

두려움과 노여움에는 생리적 변화에 차이가 있을까. 맥의 빠르기, 호흡, 얼굴의 온도라고 하는 변화를 14항목 선택해서 실험적으로 화를 내게 한 인간과 실험적으로 두려워하게 한 사람의 경우에 이것을 비교한 사람이 있다(아크스). 반수의 항목에서는 확실한 차이가 나타나지 않았지만, 반수는 두려움과 노여움에 차이를 보이고 있었다.

노여움…… 피부전기 반사수의 증가, 심장 고동 감소, 근육 긴장 증가, 심장 확장기에 혈압이 상승
두려움…… 근육 긴장 감소, 피부의 전류전도성 증가, 호흡수 증가

이런 차이는 두려움이 아드레날린, 노여움이 아드레날린, 노르아드레날린과 관계가 있다고 생각되지만(이것은 모두 부신의 수질에서 분비된다. 양자는 같은 작용도 하지만 반대 작용 ──아드레날린은 혈관을 확장시키지만, 노르아드레날린은 수축시킨다──을 한다.) 이 사실을 토끼와 같이 적응을 위해서 달아나는 경향이 있는 동물의 경우는 아드레날린이 많고, 맹수와 같이 공격에 의해서 적응하는 동물의 경우는 비교적 노르아드레날린이 많다고 하는 연구 결과와 결부시킬 수 있다고도 한다(후켄슈타인). 그런데 두려움이나 노여움 등의 정동을 일으키는 뇌의 중추는 어디에 있을까.

뇌의 중심에는 간뇌(間腦)가 있고, 이 속의 시상하부(視床下部)와 대뇌피질(大腦皮質)의 낡은 부분 즉, 대뇌연변계(大腦緣

邊系)가 뇌간의 망양체계와 함께 정동을 지배하고 있다는 사실이 분명해졌다.

동물의 뇌의 이 부분 어느 장소에 전극을 꽂아서 전기를 통하면 화가 나서 상대에게 대들기 시작한다. 전극의 위치를 조금 바꿔가면 애정을 나타내거나 현저한 식욕을 보이거나 반대로 음식물에 대해서 돌아보지도 않게 되거나 한다.

그러나 인간의 실제 정동은 그만큼 단순한 것이 아니고, 대뇌 피질도 관계하지 않는 것은 아니며, 심장이나 그 밖에 몸 속의 멍한 느낌(체감)도 관계하고 있을 것이다.

두려움과 아드레날린의 관계를 위에 서술했지만, 아드레날린 만으로는 두려움이 생기지 않는다. 아드레날린을 주사하면 확실히 '무서울 때와 같은 느낌'이 생긴다. 그러나 그것은 진짜 두려움이 아니다. 과거의 경험에 의해서 두려움을 연상시키는 '냉정한 정동'이며 출현한 것 뿐이다. 특히 배가 고프다든가 목이 마르다든가 성(性)이라든가에 수반되는 정동에는 이와 같은 두근두근하거나 몸이 떨린다고 하는 것 같은 내장감각(內臟感覺)이나 체감(體感)이 없으면 두려움의 정동은 없다고 하는 제임스랑게 설은 모든 정동에는 적용할 수 없다고 해도 일면의 진실을 포함하고 있다고 말할 수 있으리라.

두려움도 노여움도 다른 감정과 마찬가지로 정황에 대한 태도이며 가치부여이지만 사람에 따라서 두려워하기 쉬운 사람이 있고 노여워하기 쉬운 사람이 있고 무관심한 경향의 사람도 있다. 같은 사람이라도 민감한 때와 둔감한 때가 있다. 이것은 감정의 '감수성' 측면이다.

다음에 감정은 주체의 태도이기 때문에 그 때의 정신 상태로 무엇이든 유쾌하게 받아들일 수 있는 경우가 있고, 일을 불쾌하게 받아들이는 경우가 있다. 감정의 '기분' 측면이다.

더욱이 감정은 행동을 촉진하거나 브레이크를 걸거나 하지만, 행동으로 몰고 가는 힘이 강할 때와 약할 때가 있다. 감정의 '충동성' 측면이다. 이 3가지의 측면은 다음 장에서 서술할 기질의 분류에 즈음해서 생각해야 할 것이다.

## 심신증(心身症)

감정은 신체에 일시적 변화를 초래할 뿐만이 아니다. 내과, 피부과, 비뇨기과, 그밖의 각 과(科)에서 다루고 있는 병 중에 정신적 원인으로 인한 것이 있다는 사실이 강조되고 심신증이라고 하는 병직 상태 및 그것을 다루는 심신의학(정신신체의학)이라고 하는 영역이 발전해 오고 있지만, 이 정신적 원인이라고 하는 것은 감정적 원인으로 생각해도 좋다. 예를 들면 위궤양이 불안으로 발생하는 경우가 있다고 하는 것이다. 그리고 흔히 인용되는 것으로 톰의 예가 있다(S·및 H·G·월프).

톰은 9세 때 끓어오르는 것을 잘못해서 마셨기 때문에 식도가 진물러서 무엇을 삼킬 수가 없게 되었다. 그래서 외과적 수술로 복부에 구멍을 뚫어 관을 위(胃)에 부착해서 대략 50년 간, 이 구멍으로 음식물을 위에 넣고 있었다. 이것은 위의 내부를 관찰하는데 매우 안성마춤이었다. 연구가 시작된 것은 57세 때였다.

그는 감정이 불안정하여 두려워하거나, 노하거나, 슬퍼하거나, 사람을 미워하거나 하는 경우가 많았는데 이와 같은 감정은 그의 위의 상태에 즉각적으로 나타났다. 예를 들면 슬플 때는 위의 활동이 매우 저하됐던 것이다.

그는 피험자가 됨과 동시에 연구실에서 활동하게 되어 방을 정리하는 일을 하고 있었다. 그런데 어느날 아침 사건이 발생했다. 중요한 카르테를 전날 잘못 두었던 것이다.

의사가 이 카르테가 발견되지 않는다고 해서 몹시 분개했을 때, 그는 직장을 그만두게 되지나 않을까 걱정이 되어 입을 다물고 새파랗게 질린 얼굴을 하고 있었는데, 이 때 그의 위 점막은 완전히 새하얗게 되어 있었다. 그것은 의사가 카르테를 발견해서 방을 나갈 때까지 5분 간 정도 계속되었다. 깜짝 놀랐을 때 얼굴이 새파래지듯이 위의 점막도 변화했던 것이다.

화를 내거나 흥분하거나 했을 때에는 위 운동은 높아져서 위산과다(胃酸過多)가 일어나고 이와 같은 상태가 계속되면 점막에 진무름을 일으켰다.

막연한 만성적 두려움, 즉 불안이 오래 계속되었을 때는 몸의 위 점막에는 작은 출혈이 일어나서 일시적으로 궤양이 생겼다. 이것은 정신적 원인이 위궤양을 일으키는 경우가 있음을 증명한 것이리라.

위에 서술한 것에서 볼 수 있었던 것과 같은 현상은 누구에게나 일어날 수 있음에 틀림없다. 오늘날 심신증이 중시되는 것은 당연할 것이다.

# 제4장
# 기질——행동 양식의 유형

## 성격과 기질

인간의 사고방식, 느끼는 방법, 행동 방법은 그때 그때의 정황에 따라서 다르다. 친구와 환담하고 있을 때와 장례식에 참가했을 때와는 완전히 다르다.

그러나 장황은 달라도 상당히 일정한 행동 방법——예를 들면 사교적이라든가, 민감하다고 하는 것 같은——이라고 하는 것이 있어서 저 사람은 사교적이다, 저 사람은 신경질적이다, 등이라고 일컬어진다. 이것을 그 사람의 성격이라고 한다.

인간의 성격은 십인십색(十人十色)이다. 어느 한 인간의 성격은 일정해서 어느 사람과도 다르다. 이것은 나라고 하는 인간이 온 세상에 한 명밖에 없기 때문이다.

어제의 '나'는 오늘의 '나'다. 어제의 '나'와 오늘의 '나'가 다르고, 오늘의 '나'가 내일의 '나'와 다르다고 하는 뿔뿔이 흩어진

것이 아니다. 나라고 하는 것은 통일된 것이다. 이 통일이라고 하는 점에 중점을 둘 때, 성격 대신 퍼스널리티라고 하는 말을 사용해서 나는 나의 퍼스널리티를 가지고 있다고 말한다. 그러나 퍼스널리티와 성격을 같은 의미라고 생각해도 별 지장은 없다.

　사람들은 각각의 퍼스널리티를 가지고 있다. 예를 들면 목전에 있는 친구가 갑자기 나를 죽일지도 모른다고 생각하지 않다. 친구의 퍼스널리티를 알고 있기 때문이다. 그러나 이 친구가 정신병에 걸렸을 때에는 예측할 수 없을 것 같은 행동을 할지도 모른다. 지금까지의 퍼스널리티가 장해가 되고 변화했기 때문이다.

그런데 성격 또는 퍼스널리티는 행동 중에서 비교적 변하지 않는 것을 가리키는 말이지만, 사실은 그럭저럭하는 사이에 변하기 쉬운 것도 있고, 변하기 어려운 것도 있다. 수 년만에 변하는 것이 있고, 몇 십 년이나 변하지 않는 것도 있다.

성격 중 나중에 만들어진 것일수록 변화하기 쉽고, 천성적인 것일수록 변하지 않는다. 천성적인 성격은 체질과 관계가 있고, 감정 생활의 토대를 이루고 있다. 이것을 기질(氣質)이라고 한다. 기질은 신경계통 외에 내분비나 신진대사 등의 성질에 근거하고 있다.

인간의 기질에는 어떤 종류가 있을까. 우리들은 기질 뿐만 아니라 성격을 분류할 때 극단적인 경우를 단서로 해서 이것을 파악한다. 수학에서 함수의 성질을 분명히 하기 위해서 극한을 사용하는 것처럼 심리학에서는 정신병이나 노이로제를 이용하는 방법──병적 상태에 따라서 보통의 심리를 분명히 하는 병리법(病理法)이라고 일컬어지는 방법──이 이용되고 있지만 성격의 연구에서 이 방법은 특히 빼 놓을 수 없는 것이 되고 있다.

### 정신병과 기질

여기에서 정신병 및 노이로제에는 어떤 종류가 있는지를 문제

모 님을 필요가 있다. 54-55페이지에 이것을 일괄해서 표시했
다. 기질의 분류에는 정신이상 중에서 내인성(內因性) 정신병
즉, 정신적 원인에도 의하지 않고 외부로부터의 원인에 의해서
발생하는 것도 아닌 유전이 중요한 역할을 담당하고 있다고
생각되는 정신병——정신분열병, 조울병, 간질——을 이용한다.
 이런 종류의 연구에 정신병을 이용한다고 하는 것은 반드시
보통 사람의 기질이 과장되어 극단적인 형태를 취하는 것이
정신병이라고 하는 의미는 아니다.
 정신분열병이나 간질이 나타내는 증상에는 보통 사람의 성격
과는 전연 관계가 없는 점이 많다.
 병은 발병하면 그 사람이 가지고 있지 않은 새로운 성질을
만든다. 결핵에 걸리면 기침이나 가래가 나오거나 혈액의 침강
(沈降) 속도가 빨라지지만 이것은 병이 만들어낸 것에 불과하
다. 결핵에 걸리기 쉬운 체질의 사람은 안색이 나쁘고, 여위어
있을지도 모른다. 결핵에 걸리면 점점 이 성질은 현저해지는
경우가 많겠지만, 결핵에 걸리기 쉬운 체질인 사람이 많건 적건
기침을 하기 쉽다든가, 가래를 내보내기 쉽다고 하는 경우는
없다.
 내인성 정신병과 기질의 관계도 결핵과 여기에 걸리기 쉬운
체질의 관계와 비슷하다. 단, 내인성 정신병에 걸린 사람을 조사
하면 병전(病前)의 기질에 일정한 특색이 있고, 더욱이 그 사람
과 혈연 관계에 있는 가계에도 같은 경향이 인지된다. 예를 들면
정신분열병의 경우에는 병전 성격에도 가계 중의 사람의 성격에
도 비사교적이고 내향적인 인간이 많고, 조울증의 병전 및 그

가계에는 사교적이고 유쾌해지는 시기와 비사교적이고 우울해지는 시기의 한쪽, 또는 양쪽이 나타나는 것 같은 사람이 많다.

이와 같은 이유로 우리들은 내인성 정신병을 토대로 해서 기질을 분류한다. 이 분류는 특히 클레치마에게 힘입은 것이지만, 그는 거의 클레페린 이후 대립적인 것이라고 생각되어 왔던 분열병과 조울병에 대응해서 분열질(分裂質)과 조울질(躁鬱質)이라고 하는 기질을 서술했던 것이다.

# 정신이상의 개관

소인성(素因性;주로 태어난 때부터의 것)

A. 지능이 낮은 것······ 정신박약 { 백치 / 질환 / 경우 }

B. 성격의 이상······ 정신병질 { 변질 (반사회적 정신병질) / 신경질 (정신쇠약) / 히스테리 / 파라노이어 / 신경쇠약 }

심인성(心因性;정신적 원인에 의한 것)······이상 반응

} 뇌에는 해부학적 변화가 인정되지 않는다.

내인성(內因性;신체 외의 원인에 의하지 않는 것)

A. 어느 기간의 이상······ 조울병
B. 진행성의 과정······ 정신분열병
C. 발작적인 것······ 유전성 간질

} 뇌의 변화는 현재 불명이다.

내·외인성(신체 내의 원인과
    외부의 원인으로 ┌ 노년치태
    일어나는 것)……┤ 뇌동맥 경화성⎫
                      └ 정신병

외인성(外因性;신체 외의 원인에 의한 것)   뇌에 많건적건 진행성의
                                           변화가 있다.
A. 전염……        ┌ 진행마비
                   ┤
                   └ 뇌매독

B. 중독……        ┌ 알콜 중독
                   ┤
                   └ 모르핀 중독

                   ┌ 뇌진탕   ⎫ 뇌의 변화가 있다.
C. 외상……        ┤ 뇌좌상
                   └ 외상성 간질

체인성(신체의 병에 의한 것)… 증후성 정신병 ⎬ 신체의 병이 있다.
                                   (요독증,갑상선
                                   에 의한 정신병,
                                   그 외 급성전염
                                   병에의한것등).

★ 이런 것들에서는 소인과 심인이 모두 관련하고 있는 경우가 많기 때문에 양자를 한데 모아서 분류했다. 실제로는 히스테리성격과 히스테리 반응 이라고 하는 것이 존재한다.

우선 분열질 인간은 비사교적이다. 내향적이고 주제 넘게 나서지 않고, 소극적이다. 고지식하고 유머를 모르는 사람이 많다.

우리들은 감정의 세 가지 측면으로서 '감수성', '기분', '충동성'을 들었지만, 분열질은 감수성이라고 하는 점에 현저한 특징이 있다. 분열질의 인간은 어떤 경우에는 매우 감수성이 민감하지만 다른 경우에는 매우 둔감하다. 예를 들어 상급학교를 나오지 않았다고 하는 점에 열등감을 가진 분열질환자는 그것(감수성의 가시 라고 일컬어진다)에 맞닥뜨리면 몹시 흥분하지만, 다른 점에서는 완전히 둔감하다.

부끄러워서 타인과의 관계 등에 몹시 민감한 인간이지만, 동시에 무관심할 만큼 둔감하다고 생각되는 사람도 있다. 사람 앞에서는 이야기도 할 수 없을 정도의 사람이 의외로 뻔뻔스럽다. 분열질 인간은 타인과 불쾌한 일이 있을 때, 이것을 꽁하게 생각하고 그 사람을 회상하면 심한 불쾌감을 나타낸다. 감정과 일체가 된 관념은 컴플렉스(마음 속의 갈등 또는 응어리)라고 불리는 것인데, 분열질 사람은 곧 컴플렉스를 만들어 이것과 맞닥뜨리는 일에 대해서는 심한 반응을 나타내는 것이다.

스트린드벨히는 정신분열병에 걸린 작가이지만, 그는 '나는 얼음과 같이 단단하다. 그렇지만 과민할 만큼 느끼기 쉽다'고 했다. 과민하고 둔감한 성질이 분열질의 특징이다.

분열질 인간은 민감하고 둔감하지만, 이 어느 쪽에 기울어지냐에 따라서 민감형과 둔감형으로 나눌 수 있으리라.

민감형은 신경질적이고, 그 때문에 인간과의 접촉을 피해 자연을 벗삼아 독서를 즐기고 둔감형은 주위 일에 별로 관심을 갖지 않고, 순종적이며 호인이라고 일컬어지는 경우가 많다.

조울질 인간은 감정생활에 있어서 기분이라고 하는 점에 특징이 있다. 쾌활하고, 생기 발랄하며 익살스레 재잘거린다고 하는 상쾌한 기분과, 우울하고 조용하고 온화한 기분이 교대해서 일어나는 경우가 많다.

분열질과 반대로 조울질의 인간은 사교적이며, 사람과의 사이에 격을 두지 않는다. 조울질인 인간도 타인에 대해서 화를 내지만 몹시 화가 나 버려서 마음 속에 응어리를 만드는 경우는 없다. 그들은 외부의 물결에 동조하고 있으며, 환경과 함께 생활한다. 상쾌한 기분일 때는 항상 새로운 자극을 찾고, 곧 친구를 만든다. 사랑을 하고 맛있는 것을 먹는다. 호기심이 강해 여러 가지 일에 흥미를 가진다. 우울한 기분일 때도 타인에 대한 동정을 잃지 않고 타협적이다.

내인성 정신병에는 정신 분열병 및 조울증 외에 간질이 있는데, 간질 환자 및 그 가계에는 특별한 기질의 사람이 있기 때문에 이것을 분열질, 조울질과 아울러 간질질이라고 한다.

간질질은 '충동성'이라고 하는 감정의 측면에 특징이 있다. 분열질에 민감과 둔감이라는 양극단의 감수성이 있고, 조울질이 상쾌와 우울이라고 하는 양극단의 기분 사이를 왕복하듯이 간질질은 충동성이 약한 점착 상태와 충동적인 폭발 사이를 움직인다.

간질질인 사람은 평소 자극에 대해서 신속하게 반응하는 일없이 적은 비를 흘려 버리는 것 같은 인상을 주고, 정신적 템포는

매우 느긋하다. 그리고 타인에 대해서 매우 은근한데도 불구하고 일이 있으면 굉장히 흥분해서 화를 낸다. 간질질은 이와 같이 점착성과 폭발성이라고 하는 대립적인 충동성을 나타내는 것이다 (간질질은 간질 발작을 가진 사람의 성격을 나타내는 경우가 있기 때문에 이것을 구별해서 간질 발작이 없는 간질질을 점착질이라고 부르는 경우가 있다.).

    간질질인 인간은 사물에 대한 애착을 가지고 한 가지 일에 열중한다. 그리고 질서와 정돈을 좋아하는 특색은 이 기질의 사람에게서 일반적으로 볼 수 있는 성질이다. 무슨 일이나 일일이 정중하게 정리한다. 세부에 이르기까지 정성들여 조사한다. 조금이라도 적당히 해 둘 수 없다. 방 등도 놀랄 만큼 잘 정돈하고, 너무 깨끗하다. 이 기질은 사회 생활에서 나타나고 가족 중심의 생활을 좋아하며, 많은 집단을 떠돌아 다니는 경우가 적다고 일컬어지고 있다. 직업도 그다지 전전하는 경우가 적고, 때때로 심하게 보수적이고, 또한 극단적으로 도덕적이다.

간질 환자에게 종교 망상이 많은 것은 전세기부터 문제가 되고 있는 사실이지만, 간질질인 사람 중에는 신념이 있는 사람이 많다. 더욱이 일반적으로 간질질인 인간 중에는 극단적으로 경제적인 사람이 많고 심한 검약가가 적지 않다. 그리고 드물게는 이 성질을 보상하기 위해서 오히려 도스토예프스키의 '도박사'와 같은 사람이 나오는 경우도 있다 (도스토예프스키는 간질이었다).

체질의 일면인 기질을 문제로 다루어 왔는데, 이것을 특징지우는 말은 사회적인 것이었다. 유머가 풍부하다든가 일에 근면하다든가 하는 표현을 사용하지 않을 수 없었다.

도대체 기질이라고 우리들이 읽은 것은 정말로 유전적, 선천적인 것일까. 가정의 분위기로 분열질에 걸리거나 조울증에 걸리거나 하는 것은 아닐까.

성격 형성에 태어난 후의 조건이 관계하고 있다는 사실은 의심할 수 없지만, 그 토대를 이루는 기질이 생물학적, 생리학적인 것이라는 사실은 부정할 수 없다.

첫째로 유전학적 조사의 결과에 의해 추정할 수 있다. 부모와 아이가 같은 성질이라고 해서 반드시 유전이라고는 말할 수 없겠지만, 주로 환경적 원인에 의하지 않는다고 생각되는 내인성 정신병(조울증, 정신분열별, 간질)인 가족에게 일정한 성질을 볼 수 있고, 유전적 성질이 같다고 생각되는 일란성 쌍둥이인 사람끼리는 같은 기질을 나타내기 쉽기 때문이다.

둘째로 다음에 서술할 체형(비만형, 야윈형, 근골형)과 위에 서술한 유형의 관계는 이 유형이 선천적인 것이라고 하는 사실을 생각하게 한다. 체형이 대체로 선천적인 것이라는 사실은 이론(異論)이 없는 것 같지만, 분열질, 조울질, 간질질이라고 하는 기질이 몸의 타입과 관계가 있다고 클레치아는 말하는 것이다.

## 기질과 체형

인간의 체형은 '비만형', '야윈형', '근골형(筋骨型)'으로 분류된다(제3 그림 및 제4 그림). 비만형은 특히 40대부터 50대에 걸쳐서 몸이 둥글둥글하고 하복(下腹)에 지방이 많아지고 수족도 둥그스름해지고 연약한 형, 야윈형(홀쭉한 형)은 비슬비슬하고 체중이 신장에 비해 적고 가슴 둘레도 허리 둘레에 비해서 짧은 형, 근골형(투사형)은 근골이 울퉁불퉁하고 빈틈이 없고 단단하며 어깨 넓이, 가슴 넓이가 넓고, 수족이 큰 형인데, 조울질이나 조울병은 비만형에, 분열질이나 분열병은 야윈형에, 간질질, 간질은 근골형에 많다고 한다.

제3그림

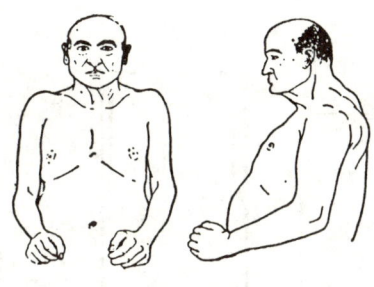

비만형

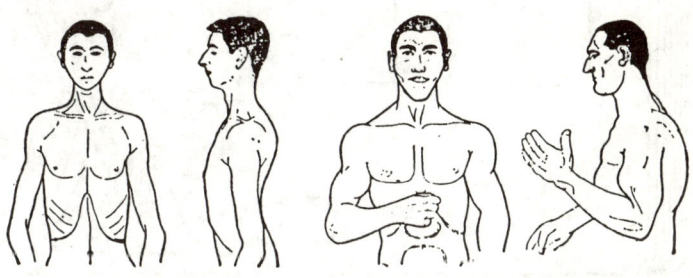

마른형　　　　　　　　근골형

클레치마는 기질과 이와 같은 체형 사이에 관계가 있다고 생각하고, 분열질은 마른형, 조울질은 비만형, 간질질은 근골형에 많다고 수장했다.

제4그림

|  또는 | | 또는 | |
| :---: | :---: | :---: | :---: |
| 비만형의 얼굴 | 마른형의 얼굴 | 근골형의 얼굴 | |

 그렇지만 이것은 너무 과장할 수 없고, 비만형이기 때문에 조울질이라고 단정하는 것은 잘못이다. 조울병의 62% 정도가 비만형인 것 뿐이기 때문에 10사람의 조울병 환자 중 약 4명은 야윈형이나 근골형이다.

 또한 성격 중 기질(선천적으로 체질의 일면이다)만이 체형과 관계가 있음을 잊어서는 안된다. 모든 성격과 몸의 특징 사이에 관계가 있다고 하는 생각이 잘못이라고 하는 사실은 이중 인격의 예를 보면 분명할 것이다. 이중 인격에서는 A라고 하는 인간이 완전히 성격이 다른 B가 되어 버리는 것으로서, 몸이 동일한데도 불구하고 다른 성격을 나타내기 때문이다.

　기질과 체형을 정신병자를 이용하지 않고 보통 사람의 통계로부터 출발해서 양적으로 처리하려고 한 사람은 셸든이다. 그는 클레치마의 비판에서 출발했지만, 결국 클레치마설의 근본을 실증한 것이라고 생각되고 있다(로라헬). 그는 기질을 (1) 사교적이고 육체적 향락을 좋아하며 심리적 반응이 느린 형, (2) 공격적이고 운동이나 육체적 모험을 좋아하며 태연하게 위력을 발휘하는 정력형, (3) 비사교적이고 고독을 좋아하며, 심리적 반응이 빠르고 감정을 억제하는 경향이 있고, 함부로 이야기하지 않는 형으로 분류함과 동시에 이것들을 내장이 발달한 내장형(內臟型 ; 또는 내배엽형), 근골이 발달한 신체형(또는 중배엽형), 마른 형으로 가는 두뇌형(또는 외배엽형)이라고 하는 체형과 밀접한 관계가 있음을 주장한 것이다.

## 제5장
## 욕구——행동의 동력(動力)

**필요와 결핍**

생물이나 인간의 활동이 모두 적응에 도움이 되는 것은 아니다. 무릎 아래를 때렸을 때 다리가 앞으로 휙 나가는 경우의 반사(슬개건 반사)와 같이 개체의 일부의 움직임에는 목적을 가지지 않은 것이 많다.

그러나 행동, 즉 개체 전체의 활동은 적응에 알맞은 것으로서 목적에 적합하다. 음식물을 오랫동안 먹지 않고 있으면 음식물을 먹고 싶어지고 먹는다고 하는 행동을 일으키지만, 이로 인해서 개체는 아사(餓死)하지 않고 산다. 배설물이 쌓이면 이것을 배설하려고 하고 배설의 행동을 함으로써 개체에게서 불필요한 것을 몸 밖으로 버릴 수 있다.

이 목적적 행동의 원동력은 어디에서 오는 것일까. 신체의 내부에는 체내의 부족이나 과잉을 보충해서 균형을 회복하려고 하는 경향이 있다 예를 들면 음식물에 대한 생리적 필요가 있다. 그리고 이것이 심리적인 공복감(허기)으로서 동물이나 인간을 '먹는다'고 하는 행동으로 몰고 간다. 이것이 '동인(動因)'이다.

생리적 필요라고 하는 것이 몸에 도움이 되는 것만은 아니다. 마약 중독이 되면 마약에 대한 생리적 필요(또는 결핍)가 생기고, 마약이 떨어지면 하품이 나오거나 심장이 두근거리거나, 음식을 토하거나 해서 마약이 갖고 싶어지지만 마약은 물론 몸에 적합한 것이 아니다.

이와 같은 현상을 나타내기 때문에 욕구라든가 요구라고 하는 말이 사용되는 경우가 많은데, 이런 말의 의미는 사람에 따라서 여러 가지이다.

(1) 현실의 생리적 필요라든가 결핍을 가리킨다.

(2) '성적 욕구를 느낀다'고 할 때의 욕구, 즉 욕구감(동인)을 가리킨다. 더욱이

(3) '인간에게는 성욕(性欲)이 있다'고 하는 것처럼 현실의 행동이 아니라(그 인간이 독서하고 있고, 성욕을 느끼고 있지 않더라도) 잠재해 있는 경향을 나타낸다.

(1)의 생리적 필요와 (2)의 심리적 욕구감(동인)이 반드시 평행하지는 않다. 동물에게 먹이를 주지 않고 두었을 때, 생리적 필요는 있겠지만 공복감이나 허기를 가지고 있다고는 할 수 없을 것 같다.

당분이 없으면 당분에 대한 욕구감(허기)이 일어나지만, 사카린을 줘도 욕구감은 만족된다. 즉, 생리적 필요를 그대로 놔

두어도 욕구감은 해소되는 것이다.

　(3)의 의미에서 욕구는 옛날에 본능이라던 것에 상당한다.(예를 들면 마크드갈은 도주 본능, 투쟁 본능, 거부 본능, 부모의 본능, 성본능, 호기 본능, 복종 본능, 과시 본능, 군거 본능, 구식 본능, 획득 본능, 건설 본능이라고 하는 많은 본능을 제창했다.) 우리들은 본능을 선천적인 행동 양식이라고 정의했지만, 옛날에는 일종의 능력이라고 생각했던 것이다.

### 욕구의 측정

심리학자는 욕구의 세기를 측정하는 방법을 연구했다. 쥐는 공복이 되면 여기저기 돌아다니기 때문에 이것을 기록해서 그 세기를 보려고 했던 사람이 있다.

쥐가 횡목을 누르면 먹이를 얻게 되도록 훈련해 두면(그러나 먹이는 항상 나오지 않고, 때때로 나온다) 공복 상태의 쥐는 횡목을 빨리 누르기 때문에 이 빠르기로 욕구의 세기를 측정한 사람도 있다.

더욱이 각각의 욕구를 충돌시켜서 그 세기를 비교한 적이 있다. 와덴은 제5 그림과 같은 장치를 만들어서 동물이 욕구를 만족시키는 목표(음식물, 이성, 새끼……)에 이르기 위해서는 중간의 전기가 통하는 다리를 건너지 않으면 안되게 했다.

쥐에게 음식을 주지 않고 두면 불쾌한 전기 쇼크를 찾아서 음식이 있는 곳으로 간다. 가면 곧 실험자는 꼬리를 붙잡아 원위치로 되돌린다. 허기져 있는 쥐는 또 다리를 건넌다. 다시 꼬리를 붙잡아 원위치로 되돌린다. 이와 같은 방법으로 일정한 시간에 다리를 건넌 횟수를 헤아려서 많은 경향을 비교할 수 있다.

20분 동안에 횡단한 횟수(괄호 안은 최고의 값을 나타낸 날)

|   | 수컷 | 암컷 |
|---|---|---|
| 1. 갈증 | 21.1(2일째) | 19.7(1일째) |
| 2. 기아 | 19.1(4일째) | 19.0(3일째) |
| 3. 성욕 | 13.5(1일째) | 14.1 |

제5그림

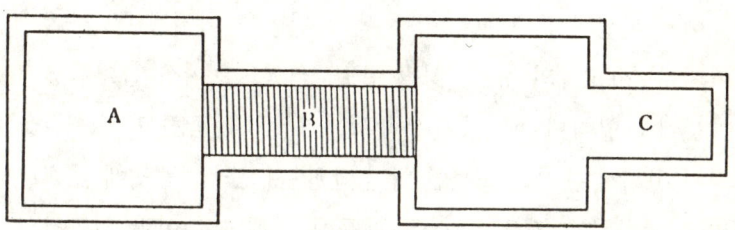

A에 실험동물을 둔다. B에는 전류가 통하고 있다. C에는 욕구의 목적물이 놓여 있다. 실험동물은 C로 가기 위해서는 B를 지나지 않으면 안 된다.

4. 모성욕——　　　　22.4

1. 건조한 음식만 주고, 다리 건너편에 물항아리를 둔다. 수컷의 경우는 2일째가 최고.
2. 절식(節食)한 동물을 사용해서 다리 건너편에 음식을 둔다. 수컷의 경우는 4일째가 최고.
3. 교미기(交尾期)의 동물을 일정기간 격리한 후 이성을 다리 건너편에 둔다.
4. 새끼를 낳은 직후의 어미쥐를 사용해서 새끼를 다리 건너편에 둔다.

## 욕구와 행동

욕구는 행동을 일으키는 원동력이다. 그러나 행동은 하나의 욕구의 결과인 경우가 드물고 많은 욕구의 합력(合力) 형태로 발생한다.

어느 여성과 산책한다. 이 행동의 원인을 이루는 것은 여러 가지다. 사교상의 필요, 성적 욕구, 허영(그 여성이 아름답기 때문에 타인에게 과시하기 위해서), 자신의 부탁하고 싶은 말을 하기 위해서, 봉건적 습관에 대한 반항, 자신의 하숙집에 초대한 일에 대한 부끄러움……. 등 때문에 산책하고 이런 얼마간의 혼합에 의한 경우도 있을 것이다. 이성과의 산책을 단지 성욕의 표현이라고 하는 것처럼 하나의 행동으로부터 하나의 욕구의 존재를 추정해 버릴 수는 없다.

위에 서술한 쥐의 실험에서는 먹이로 향하는 욕구와 전기로부터 달아나는 욕구의 충돌을 볼 수 있지만, 인간의 생활에는 두 가지의 반대 욕구가 동시에 보여지는 경우가 적지 않다. 무서운 것을 보고 싶음, 사랑이 지나쳐서 미움이 백배(百倍)라고 하는 경우(양면 가치라고 한다)에는 특히 이것이 확실한 형태로 나타난다.

더욱이 사회 생활에서는 성적 욕구 등의 원시적 욕구가 도덕적 욕구와 충돌하고, 이로 인하여 브레이크가 걸려서 실제의 행동으로 향하는 것을 방해 받고 더욱이 이런 욕구가 변화해서 사회화(社會化)되지만, 이것에 대해서는 나중에 언급하기로 한다.

## 제6장
## 지각——행동의 단서

### 지각과 세계

음식을 섭취하기 위해서는 음식을 인지하지 않으면 안되고, 독(毒)을 피하기 위해서는 이것이 독이라고 하는 사실을 인지하지 않으면 안된다. 적이라든가 아군을 구별하지 않고 살아갈 수는 없다. 외계(外界)를 인지하는 작용은 '우리들의 몸을 지켜 나가기 위해서만 주어지고 있다(말브랑슈)'.

동물이나 인간은 감각 기관 덕분에 외계를 파악하고, 감각 기관에 의해서 외계의 정보를 받아들인다. 감각 기관에 의해서 환경의 정보를 파악하는 작용을 지각(知覺)이라고 한다.

그렇지만 우리들이 지각하고 있는 것은 환경의 매우 사소한 부분에 불과하다.

전자파에서도 파장(波長)이 긴 것은 느낄 수 없다. 라디오를 듣고 텔레비젼을 보며, 전파가 오고 있음을 알지만 수신기나

수상기가 없다면 파악할 도리가 없다.

그것보다 파장이 짧아져서 800mμ(밀리미크론) 이하가 되면 눈의 망막이 포착해서 눈에 보이는 광선이 되고, 390mμ를 넘으면 이미 보이지 않게 되어 버린다.

800mμ보다 조금 긴 것은 적외선으로 온도로서는 느껴도 눈으로 볼 수는 없다. 390mμ보다 짧은 것은 자외선으로서 몸에 영향을 주고는 있지만, 느낄 수는 없다. X선이나 감마(γ)선도 마찬

가지다.

　기계적 진동도 우리들이 느끼는 것은 매우 좁은 범위로서 진동수가 매초 1만 6천회 이하가 되어야 비로소 속귀에 자극을 주어 소리로 들리고, 15회 이하가 되면 이미 느껴지지 않게 된다. 매초 2만회 이상의 진동은 초음파로 인간의 귀에는 느껴지지 않는다. 박쥐는 대략 4만 사이클의 초음파를 내고, 이것이 벽이나 나무나 자신의 동료에게 닿아서 되돌아오는 것을 느끼고 있지만 (이 덕분에 어두운 동굴 속을 날아 다녀도 충돌하지 않는다) 우리들에게는 그런 파는 물론 느껴지지 않는다.

　우리들의 세계는 하나이고, 어느 동물이나 인간이 보거나 듣거나 하고 있는 것과 같은 세계에서 생활하고 있다고 믿기 쉽지만, 인간은 이 눈, 이 귀, 그밖의 감각 기관과 여기에 접촉된 감각 신경을 가지고 여기에 따라서 행동하는 몸의 구조를 가지고 있기 때문에 이와 같은 세계를 가지고 있는 것으로서, 파리에게는 파리의 세계가 있고, 문어에게는 문어의 세계가 있다(유크스퀼). 인간이 보고 있는 세계만이 객관적인 현실은 아닌 것이다.

　만일 감각 기관의 구조가 다르게 되어 있다면, 또한 우리들의 욕구가 현재의 것과 조금도 닮지 않은 것이었다면 세계는 완전히 다른 것이 되어 있었을 것이다.

　물리학자는 이 단단한 의자는 절대 단단한 것이 아니고, 사실은 원자의 집합이라고 한다. 그리고 지구가 태양의 주위를 회전하듯이 원자핵(原子核)의 주위를 전자가 돌고 있는 것이라고 설명하고, 희다고 하는 것은 파장이 다른 광선의 집합이라고 한다. 그러나 우리들은 이것을 희고 난난한 의사라고 시각한다.

 인간은 환경에 적응해 나가기 위해서 물리적 자극을 감지할 뿐만 아니라, 화학물질도 포착한다. 액체는 혀의 미뢰(味蕾)를 통해서 맛으로 느끼고, 기체는 콧 속의 점막으로 자극을 받아들여서 냄새로 느낀다. 더욱이 몸의 내부의 변화도 느낄 필요가 있지만, 이것은 내리 눌리는 느낌, 긴장의 느낌이 되고 위험을 알리는 것은 통각(痛覺)이다.

 통증 등은 없는 편이 좋다고 생각하는 사람이 있겠지만, 이것이 얼마나 필요한 것인지는 통각을 갖지 않은 사람——매우 드문 예이지만——의 경험으로 분명하다. 어느 19세의 소녀는 선천적으로 통증을 느끼지 못해(그 이외는 완전히 정상으로 지능도 높았지만, 단지 감정의 감수성이 낮았다) 통증 이외의 단서로 위험을 피하는 방법을 익히고 있었는데, 그것은 완전하지 않았다. 자동차 사고로 복사뼈 골절을 한 채 댄스에 나가고, 다리가 부어서 구두를 신을 수 없게 되어서야 비로소 깨달았던 적도 있었던 것이다(코엔 외).

 우리들은 이와 같이 지각에 의해서 외계 및 몸의 내부의 정보를 파악하지만, 소위 제6감, 즉 오늘날까지 알려져 있는 지각 이외의 지각(감관외 지각 또는 ESP)이 있다고 하는 주장이 있다. 어떤 종류의 특이 능력자의 예 등에서도, 또한 벽 저쪽에 있는 사물을 지각하는 원격 인지(遠隔認知)의 실험에서도 그것이 인정된다고 하는 것이다 (이것은 졸저「신비의 세계」의 주제이기 때문에, 여기에서는 자세히 서술하지 않겠다). 이와 같은

제1편—인간성의 기초  75

 문제는 손가락 끝으로 문자를 읽고 사물을 볼 수 있고, 색을 구별할 수 있는 소련의 로자 크레쇼와야의 예(미국에도 같은 예가 있다고 한다)와 함께 차츰 일반 심리학자의 관심을 끌어 왔다.
 이 예에서는 완전히 눈가리개를 한 채 도형 위에 유리판을 얹어 놓고 무슨 도형인지를 정확하게 답하고 있고(그림과 손가락 사이를 2센티미터 이상 떼어 놓으면 모른다), 필터를 사용해

서 열이 원인이 아니라는 사실도 확인했고, 그밖의 실험과 더불어 그녀가 피부로 빛을 느끼고 있음을 증명했다고 소련의 학자들은 결론지었다(실험자는 M·S·스밀노프, M·M·볼가르도).

우리들은 외부의 자극을 파악함으로써 환경에 적응하고 있지만, 어느 정도의 자극에는 오히려 느끼지 못하는 편이 적합하지 않을까? 나중에 서술하겠지만, 실제로 눈에 느껴질 만한 자극조차도 적응 행동을 위해서 억제되는데, 우리들의 지각은 보통의 인간이 보통 때에 살아 나가기 위해서 안성마춤으로 되어 있고, 쓸데 없는 것을 배제하도록 되어 있는 것은 아닐까?

원격 인지가 이 배제를 처리하는 의식이 없을 때에 특히 현저하게 로자가 뇌의 파괴를 보이는 간질 발작을 보이게 되고, 이 특이한 능력을 나타내게 되었다는 사실을 이 점과 결부시켜서 해석하는 사람도 있을 것이다.

### 지각 욕구

옛날 지각 활동을 적응 행동의 수단으로서 생각하고 있었던 것처럼 외계를 비추는 거울과 같은 것은 아니다. 오히려 밤에 산 속에서 길을 찾는 지팡이와 같은 것이리라. 우리들에게는 항상 자극을 찾아 지각 활동으로 인해 길을 찾으려고 하는 경향이 있어서 지각 욕구라고도 해야 하는 무엇이 있는 것이다.

횡목을 누르면 먹이가 나오도록 해 두면 동물은 횡목을 누르는 학습을 하게 되지만, 횡목을 누르면 불이 켜지도록 해도 횡목을 누르게 된다. 자극을 원하는 것이다. 또한 침팬지가 한쪽의 버튼을 눌렀을 때 차(茶)가 있는 옆 방이 보이도록 해두면 이 버튼을 누르려고 한다(바트라).

　이것은 탐색 욕구라든가 호기심이라고도 하는 것에 해당하는데, 동물은 자극을 원하고, 외계(外界)를 알려고 한다. 지각하는 것은 살기 위해서 필요하다. 우리들이 공기에 대한 욕구를 평소 느끼고 있지 않은 것처럼 지각 욕구를 느끼고 있지 않다. 욕구가 항상 만족되기 때문이다. 그러나 더러운 공기 속에 있다가 깨끗한 고원에 가면 공기가 훌륭하다는 사실을 느끼고, 또한 공기가 적은 높은 산정(山頂)에서 공기에 대한 욕구의 존재를 통감하는 것과 마찬가지로 자극을 없애고 지각 욕구를 만족시키지 않을 때는 이 욕구의 존재는 확실하다.

　자극으로부터 인간을 격리하는 실험이 있다. 피험자를 방음실(防音室)에 넣고, 먹을 때와 화장실에 갈 때 이외엔 침대에 누워 있게 해 둔다. 빛이 눈에 들어가지 않도록 안경을 씌우고, 목면 장갑과 두꺼운 종이 커프스를 해서 촉각을 적게 하고 폼 러버의 마크라메로 소리를 차단해 둔다.

　대개 거의 잠들어 버리는데, 눈을 뜨면 꼼짝 않고 있을 수 없게 되어 몹시 불쾌해진다. 혼잣말을 하고, 노래를 부르고, 휘파람을 불고, 옛날 추억에 빠진다. 결국에는 환각을 일으켜서 생각이 뿔뿔이 흩어지는데, 이 때의 뇌파는 약물(藥物)이나 뇌의 상해일 때와 같은 상태가 발생하고 있음을 증명한 것이다(헤론, 그 외).

　프린스톤 대학에서는 55명의 피험자를 4일간 앞의 예와 같은

상태에서 가둬 두는 실험을 했다. 이 경우에도 인간은 이상 상태를 보이고 환각을 일으켜서 유사전(有史前)의 동물 등의 모습을 보거나 했다(그것은 무섭게 느껴지지 않고, 재미있게 느껴졌다고 한다). 그리고 4일이 지나 밖으로 나온 후에도 24시간 정도는 보통의 적응을 할 수 없었다. 이런 실험은 동시에 인간의 활동도 제한하고 있기 때문에 그 영향도 부정은 할 수 없지만 자극이 인간에게 필요하다는 사실을 증명하는 것이라고 말할 수 있으리라.

## 사물의 지각

외계에 적응하기 위해서는 일정한 '사물'을 지각하고 그 성질을 파악할 필요가 있다. 아기는 '사물'의 색이나 밝기, 접촉, 느낌 등을 각각 느끼고 있지 않다. 아기에게는 하나하나의 '사물'이 지각되지 않고, 창문에서 들어오는 빛 속에 책과 책상이 있다고 해도 이것이 하나로 되어 있어 책이라든가 책상이라고 하는 별개의 '사물'이 아니다. 루낭은 혼돈성이라고 하는 말을 사용했지만, 아기의 지각은 혼돈하고 있다.

그러나 우리들은 외계에 적응해 나가기 위해서는 '사물'을 뽑아 내지 않으면 안된다. 동물의 경우도 음식이라든가 적이라고 하는 '사물'을 다른 것과 구별해서 지각하지만, 인간의 경우는 많은 '사물'이 독립해서 지각된다. 책상, 책, 태양, 나무 등이 하나하나의 '사물'로서 지각된다.

하나의 '사물'이 지각될 때 다른 '사물'의 지각은 물러난다. 성적(性的) 욕구라든가 음식에 대한 욕구가 억압되는 것과 마찬가지로 불필요한 지각은 억압되고, 하나의 '사물'만이 떠오른다.

떠오르는 것은 '도안'이라고 하며, 억압되어 배경으로 물러가는 것은 '바탕 모양'이라고 일컫는다. 제6 그림은 '도안'이 되고 있었던 것이 '바탕 그림'이 되거나 '바탕 그림'으로 지각된 것이 '도안'이 되거나 하는 예다.

제6그림

과일 접시인가, 두 개의 얼굴인가

제1편——인간성의 기초 81

토끼인가, 새인가

제7그림

이 카나(カナ)는 뭘로 읽는가

제7 그림은 검은 부분이 '도안'이 되고 있기 때문에 이 문자를 손쉽게 '도안'으로 할 수 없다. 그림 찾기 등에서는 '도안'이 다른 '도안'의 일부분으로 되어 있기 때문에 좀체 찾을 수 없다.

'도안'이 부분이 모여서 이루어진 것이 아니라 종합된 전체적 구조를 가지고 있음을 강조한 것은 게슈탈트 심리학(형태 심리학) 학파였다. 이 학파는 다음의 제점(諸点)을 들어 이 점을 지적했다.

(1) 객관적으로는 같은 형태라도 다르게 보이는 것이 있다. 즉, 부분은 같아도 다른 구조의 '도안'이 나타난다(제6그림).

(2) '도안'에 사소한 것을 부가시켜도 도안 전체가 변화할 때에는 부분의 길이나 방향이나 모양에 차이가 생긴다(제8-10그림).

(3) 더구나 만일 부분을 전부 변화시켜도(예컨대 한 변이 1센티미터의 정삼각형을 한 변 10센티미터로 해버려도)전체의 구조가 변하지 않으면 원래의 도안(정삼각형)이라고 하는 사실을 알 수 있다 (멜로디를 만들고 있는 각 음을 한 옥타브 올려도 역시 같은 멜로디가 되고 있는 경우와 같은 예이다).

어떤 자극이 하나의 종합된 구조가 되는지는 웰트하이머가 '좋은 형태의 법칙'이라고 부르는 것에 의해 지배된다. '좋은' 이라고 하는 것은 가치가 있다고 하는 뜻이 아니라, 가장 단순하고 가장 규칙적인 것이라고 하는 의미이다. 이와 같은 형태는 종합된 구조를 이루지만, 불규칙적인 것은 구조를 가진 전체가 되기 어렵다. 그밖에 가깝게 있는 도형, 색이 같은 도형, 닫혀 있는 도형 등이 종합되어 하나의 도형이 되는 경우도, 자연히 연속해 있는 도안이 되는 경우도 결국 이것들이 단순한 즉, '좋은' 형(形)을 취하기 때문이다.

하나의 도안이 되는 경향과 다른 도안이 되는 경향의 충돌을 이용한 것이 캄플라지다. 포대(砲台)는 도안이 되기 쉽기 때문에 주위의 초목의 색이나 땅의 색으로 일부를 칠하고 부근의 초목이나 땅과 함께 도안을 만들게 해서 적의 눈을 속인다. 색이 같으면 종합되기 쉽고 연속된 것은 하나가 되는 경향이 있기 때문이다.

제11 그림을 금방 알 수 없는 것은 제9 그림과 같은 게슈탈트 법칙에 의해서 문자 [우천(雨天)]이라는 다른 '도안'이 완성되어 있기 때문이다.

'사물'에 대하여 적응하기 위해서는 '사물'이 조금 다르게 보인

제8그림

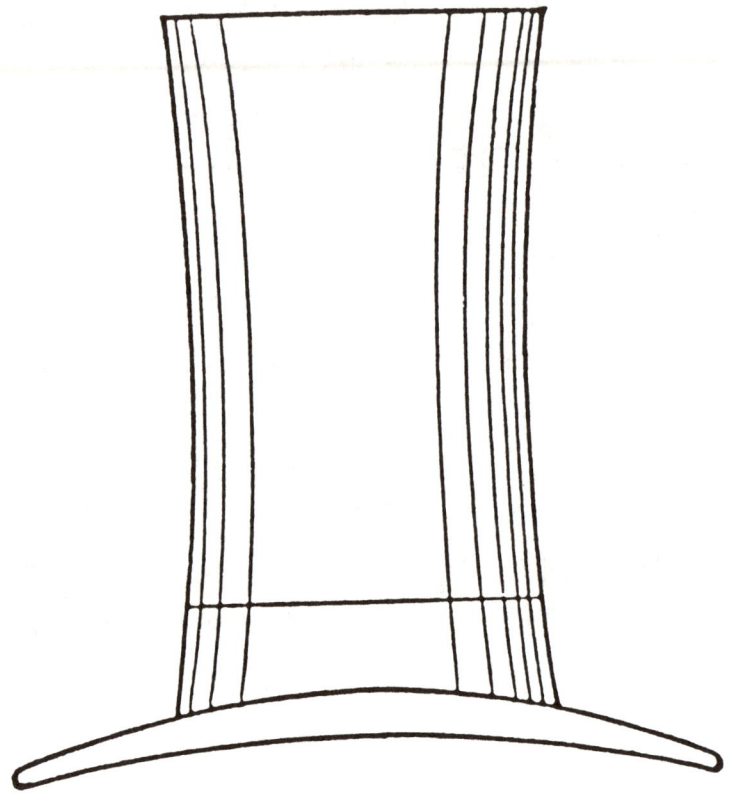

차양의 넓이와 모자의 높이와는 같은 길이다

두 사람은 다리를 똑바로 펴고 있다

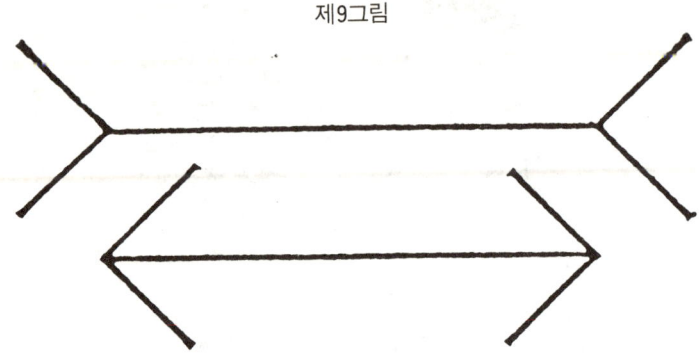

제9그림

윗 선과 아래선과 어느 쪽이 길까

사선은 평행이다

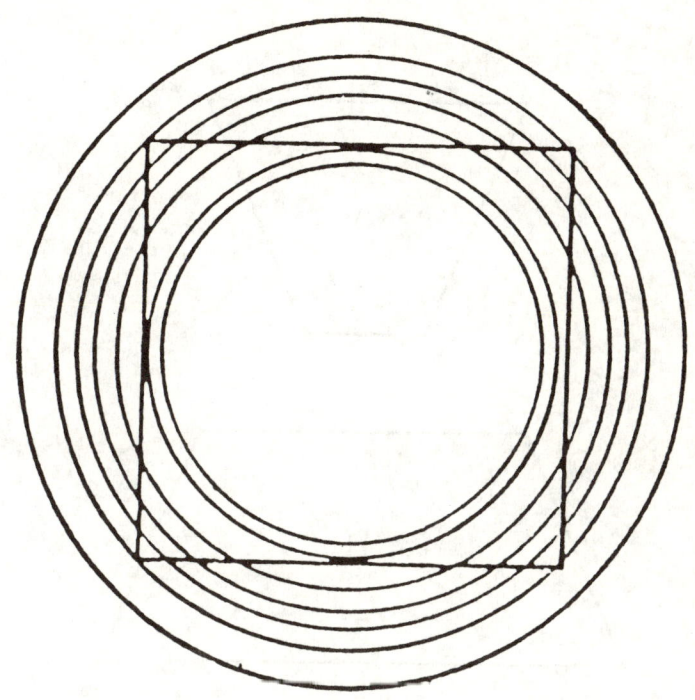

이 사각은 완전한 정사각이다

다고 해서 보는 방법이 달라져 버려서는 곤란하다. 10미터 앞에 있는 인간과 20미터 앞의 인간의 경우는 눈의 망막상에서는 2대 1의 크기의 차이가 있겠지만 인상(印象)에는 거의 차이가 없고, 달밤의 눈(雪)의 색깔은 낮의 같은 자극보다도 검겠지만, 그렇게는 보이지 않는다.

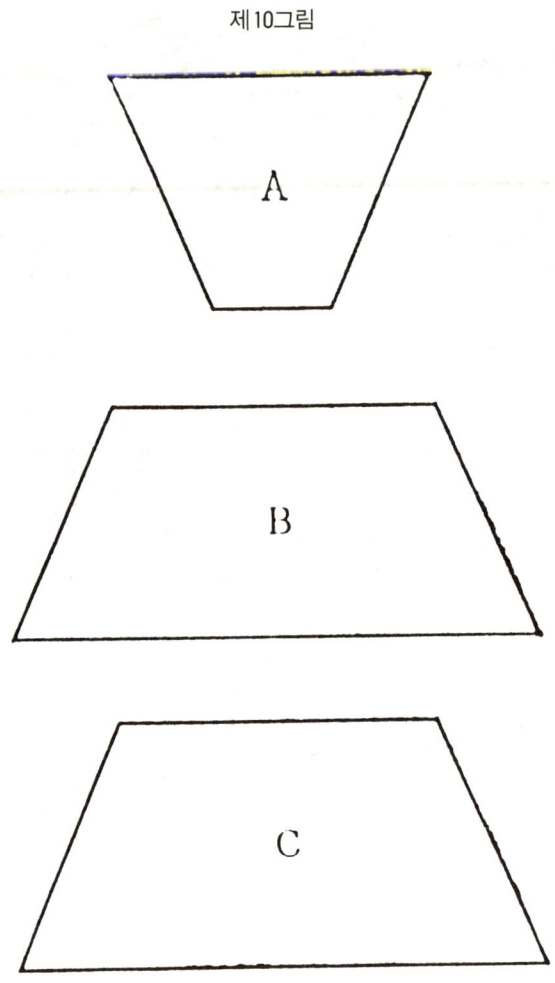

사다리꼴 A 위의 저변과 B 위의 저변은 같다
B의 저변과 C의 저변도 같다

제1편──인간성의 기초  89

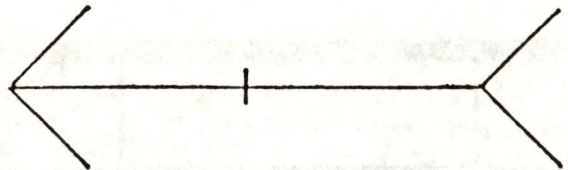

횡선은 중앙에서 분할되고 있다

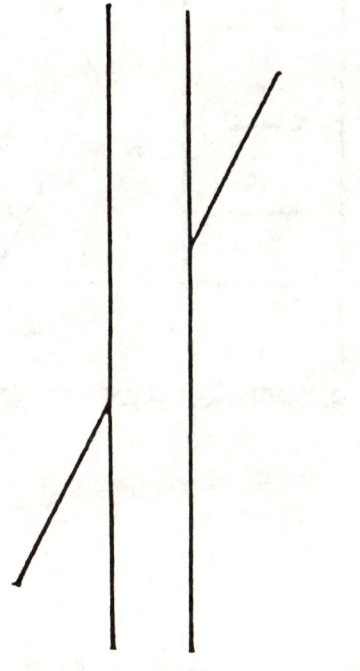

오른쪽 위의 사선과 왼쪽 밑의 사선은 같은 선상에 있다

제11그림

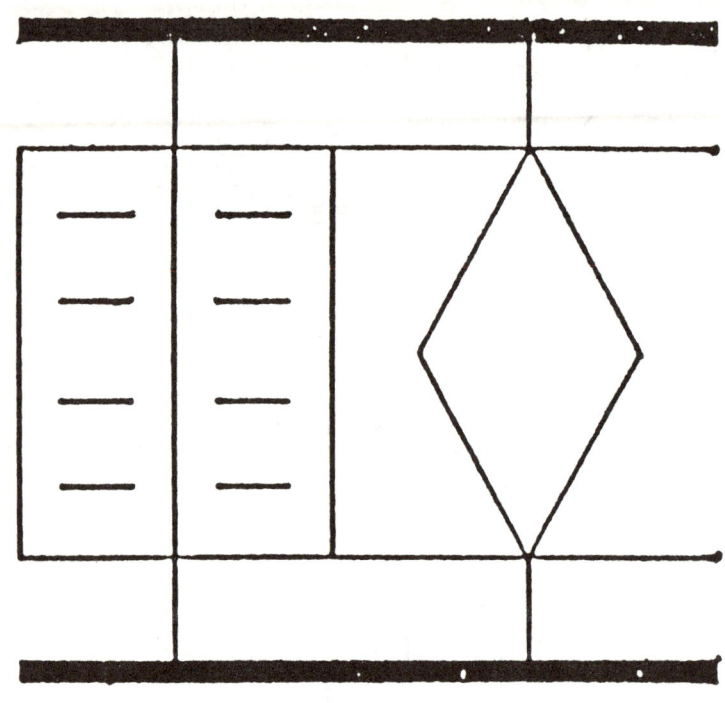

이것은 한자(漢字)이다


　자극이 아무리 변해도 똑같이 느껴져서는 난처하지만, 어느 정도의 변화는 있어도 변하지 않는다고 지각되는 것이 이 항상현상(恒常現象)이라고 하는 것으로서, 이것은 동물에게도 할 수 있기 때문에 생물학적인 것이지만, 인간의 경우는 말이 지각을 고정시킨다.
 지각은 생물학적 기초를 가진 것이지만 사회를 떠나서 생각할 수는 없다. 지각의 사회화에 대해서는 '사회적 인간' 속에서 논하기로 한다.

### 지각과 행동

 지각은 적응의 수단이기 때문에 행동의 일부이다. 그러나 실험적으로 다루기 쉽기 때문에 처음에는 자극과 관계된 측면의 연구가 주로 이루어졌다.
 우선 하나의 감각 기관(感覺器官)의 자극으로 인해서 일어나는 간단한 지각 즉, 감각에 대해서 많은 사실이나 법칙이 밝혀졌다. 예를 들면 감각이 생기기 위해서는 어느 정도 자극이 강하지 않으면 안되고(김긱을 일으키는 기장 작은 지극은 최소자극, 혹은 자극역),어느 정도(상한자극;上限刺戟) 이하의 자극이 아니면 안된다. 감각이 변화했다고 하는 느낌을 주기 위해서는 첫 자극에 약간 자극이 가해지는 것만으로는 불충분하고, 이것이 어느 정도 증가하지 않으면 안된다(변화했다고 하는 것을 느끼게 하기 위해서 증가한 최소 자극을 '최소가지(最小可知) 차이' 또는 '변별역(弁別疫)'이라고 한다 ).
 또한 무게의 경우 원래 무게가 30그램이면 1그램 가했을 때 무겁다고 느끼는데, 60그램이라면 2그램 가하지 않으면 안된다고 하는 것처럼 원래의 자극에 비례해서 자극을 강하게 하지 않으면 변했다고 하는 느낌이 들지 않는다고 하는 법칙(웨버의

제12그림
눈으로 본 방

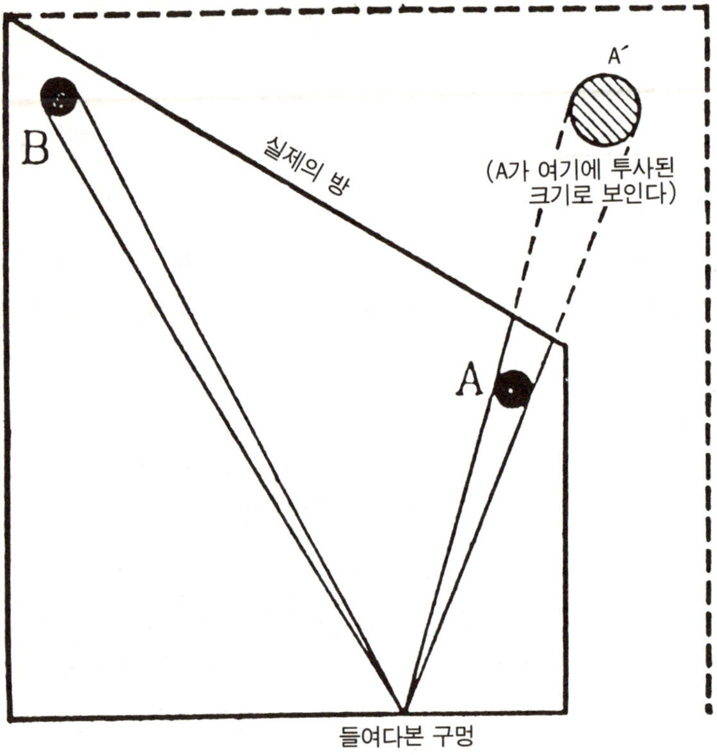

B

실제의 방

A′
(A가 여기에 투사된 크기로 보인다)

A

들여다본 구멍

평면도

 법칙)이 만들어지고 더욱이 자극과 감각의 세기의 관계에 대한 법칙(페히너의 법칙)이 제창되었다.
 19세기 이후, 이와 같은 감각자극과 직접 관계된 측면의 연구가 이루어져 왔지만, 지각은 적응을 위한 수단이기 때문에 단순히 자극을 투영한다고 할 수 없다.

스트라튼은 외계가 거꾸로 보이는 안경을 만들어서 이것을 쓰고 생활했다. 처음에는 물론 행동이 제대로 되지 않았다. 차츰 여기에 익숙해져서 마침내 8일째에는 안경을 벗으면 오히려 이상한 느낌이 들었다고 한다.

스트라튼의 경험은 불과 1주일이었는데, 이와 같은 변화가 나타났다. 태어난 직후부터 이와 같은 안경을 착용하고 있으면 어떨까. 역시 아무런 불편도 느끼지 못하고, 오히려 안경을 제거할 때 어리둥절해 할 것이다. 지각이 자극의 거울이 아니라 행동을 위한 지팡이 역할을 하고 있는 증거이다.

에임즈는 비뚤어진 방을 만들었다. 제12 그림은 그 평면도를 나타내고 있는데, 우측은 좌측 반, 안 길이도 반, 막다른 곳의 벽은 우측이 낮기 때문에 사다리꼴 모양이고 창문도 왼쪽에서 오른쪽으로 감에 따라서 작아지고 있다. 이 비뚤어진 방에는 중앙보다 조금 오른쪽으로 기울어진 곳에 구멍이 뚫려 있어 내부를 들여다 볼 수 있게 되어 있지만, 이 구멍으로 들여다 보면 방은 조금도 비뚤어져 보이지 않는다. 그림에 점선으로 그린 것과 같은 방으로 보인다. 그러나 A의 구석에 있는 사람은 B구석 사람의 2배로 보인다. 우리들은 높이를 시각으로 판정하는 습관을 몸에 익히고 있지만, 이 들여다 보기 구멍에서는 A 구석과 B 구석은 같은 시각이 되도록 되어 있기 때문에 같은 높이로 지각하고, A가 A´장소에 있는 것처럼 보인다.

그러나 만일 막대기 등으로 이 방의 각 부분을 건드려 보면 비뚤어져 있음을 알게 된다. 환경에 작용함으로써 지각이 변화한다(환경에 관계 없이 지각이라고 하는 작용이 있다고 생각하는 자기 활동auto-action, 환경과 주체의 상호 작용에 기인한다고 생각하는 상호 관계inter-action에 대해서 작용에 의해서 지각이 생긴다고 하는 간섭관계 trans-action이 주장되고 있다——킬퍼트릭, 이텔슨, 캔트릴).

자극에 관계된 측면만을 추상하지 않고, 구체적인 지각을 생각할 때 지각은 적응 행동의 일면으로서 행동과 떼어 놓을 수 없는 것이다.

지각은 행동의 한 측면이기 때문에 당연히 마음 속의 욕구나 감정에 지배된다.

특히 어둠 속의 사물이나 분명하지 않은 도형을 본 경우에는 욕구나 감정이 주역을 담당해서, 말하자면 멋대로 지각을 결정한다(예를 들면 나무를 인형이라고 지각한다). 우리들은 이 지각('시험 지각'이라고 일컬어진다)에 따라서 행동하고, '이봐'라고 소리내어 불러 보거나 모습을 살피고 더욱 더 단서를 얻으려고 한다. 그래서 사람이 아니라는 사실을 알면 나무의 그림자라고 정정한다. 행동을 잘 하기 위해서는 운동 폭발을 하고, 나중에 서술할 '시도와 실패의 법'을 사용하는데 지각의 경우에도 같은 방법이 사용되고 있는 것이다.

### 지각의 종류

사물을 매우 짧은 시간 잠깐 보게 한다. 어느 시간 이하에서는

뭔지 모른다. 보기 위해서는 일정한 시간이 필요하다. 매우 단시간이라면 위에 서술한 '시도 지각'을 만들려고 해서 '뭔가 얼룩과 같은 것이 보였다'라든지 '사물이 보인다'라고 하며, 더욱 더 노출 시간을 길게 하면 '동물인지 사람이 보인다', '네 발 동물이다'라고 하는 보고를 경과해서 최후로 '개다'라고 보고한다. 만일 그 개를 알고 있는 사람이라면 팔공이라고 하는 개라고 하는 보고를 할 것이다.

  이 실험과 같은 간단한 지각과 복잡한 지각의 구별은 뇌(腦)의 병에 의해서도 분명해진다.

중독이나 머리의 이상(外傷), 노인성 치매 등의 경우 특히 콜사코프증상군(症狀群)일 때에는 사물을 기억할 수 없게 됨과 동시에 개라고 하는 사실은 알아도 팔공이라고 하는 사실을 모르는 경우가 있다. 환자는 자신이 병원이라고 하는 곳에 있다는 사실, 침대라고 하는 것에 누워 있다는 사실, 의사라고 하는 인간과 얘기를 하고 있다는 사실은 잘 지각하고 있다. 그렇지만 이것이 뭐라고 하는 병원인가, 누구의 침대인가, 뭐라고 하는 의사인지는 모른다. 개개의 것, 개개의 인간의 지각을 할 수 없다.

또한 뇌에 손상을 입었을 때는 동물이라든가 개라고하는 종류를 모르게 되고, 눈을 감게 하고 연필을 닿게 하면 '딱딱하고, 매끈매끈하고, 길고 원통으로 한쪽 끝이 평평하고, 다른 한쪽 끝이 뾰족하다'고 하지만, 이것이 연필이라고 하는 지각이 없어지는 경우가 있다.

이런 사실로부터 지각을 다음의 3종류로 나눌 수 있으리라.

(1) 감성적(感性的) 지각 : 이런 색이다, 이런 음색이다, 이런 모양이라고 느낄 뿐, 나무라든가 바다라고 하는 의미나 명칭이 수반되지 않는 지각.

(2) 종류(種類) 지각 : 인간이다, 꽃이다라고 하는 것처럼 일반적인 종류로서의 지각.

(3) 개별적 지각 : 이것은 내 막내 동생이다, A씨의 집이라고 하는 것 같은 개별적인 것으로서의 지각.

감성적 지각에서도 말로 보고하는 한 사회적인 것인데, 특히 종류 지각과 개별적 지각은 사회생활 속에서 형성된다.

# 제7장
# 학습──행동의 변용

## 학습이란 무엇인가

생물에게는 과거의 영향이 남는다. 어떤 종류의 잎은 밤낮 교대에 따라서 피거나 시들거나 하는데, 이 리듬은 인공광선 속에 있어서도 당분간 계속된다. 과거의 리듬을 지니고 있기 때문이다.

동물 행동에서도 물론 과거의 경험이 영향을 미치고 있고, 경험을 쌓아가는 사이에 본능적 행동도 완성되고(병아리의 경우 차츰 쪼아먹는 운동이 잘 되듯이), 또한 학습의 항에서 서술했듯이 새로운 행동 방법이 완성되어 적응을 제대로 할 수 있게 된다. 이와 같은 과거의 경험으로 인한 행동 양식이 많건 적건 지속적인 발전을 학습이라고 한다.

성숙은 과거의 경험에 의하지 않고, 피로라든가 공포로 인한 감정 변화와 같은 것은 일시적이기 때문에 이것들은 학습이

아니다.

    학습에 의해서 동물이나 인간은 습관 즉, 비슷한 정황에 적응할 수 있는 일정한 방법을 몸에 익히게 된다. 먹을 수 있는 것과 먹을 수 없는 것을 구별하고(변별 학습), 글씨를 잘 쓸 수 있도록 연습하고(운동 학습), 말을 배워나가는(언어 학습) 것이다.

    쥐를 처음 미로에 넣으면 우왕좌왕하면서 먹이에 당도한다. 그러나 같은 미로에 2번, 3번 넣으면 점점 이 우왕좌왕하는 운동이 적어지고 마침내는 곧 올바른 길을 통해서 먹이가 있는 곳으로 간다. 이와 같이 같은 환경에 익숙해진 동물은 차츰 습관을 획득해서 불필요한 운동을 잘라버려 간다. 효과가 없는 운동은 버려져 가는 것이다.

운동 폭발은 실패를 거듭하다가 우연히 성공하고, 성공한 방법이 후에 남겨져 가기 때문에 시도와 실패의 법(시행착오법)이라고도 한다. 학습이 완성되면 습관이 되고, 같은 정황에서는 쓸데 없는 시도나 실패를 반복하지 않아도 좋게 된다.

침팬지는 예측에 의해서 상자를 발판으로 삼는다고 하는 것 같은 지적 적응 방법을 사용하지만, 이것도 한 번 성공하면 거듭 이용되게 된다.

인간의 경우는 '시도와 실패'나 '예측' 외에 '의지'라고 하는 특별한 학습법이 이용된다. 열심히 영어 단어를 외우고, 의지적으로 노력해서 무용을 배우는 것 같은 경우이다. 이렇게 해서 학습이 완성됨에 따라서 의지를 필요로 하지 않게 되고, 기계적으로 실행하게 된다. '시도와 실패'나 '예측'이나 '의지'는 습관을 형성하는 조건이지만, 학습이라고 하는 이상, 후에 남는 변화가 없어서는 안된다.

## 조건 부여

어떤 경험이 나중까지 남는다고 하는 현상에서 첫째로 문제가 되는 것은 '조건 부여'이다.

개의 입에 고기를 넣으면 침을 흘린다. 고기라고 하는 자극으

제13그림

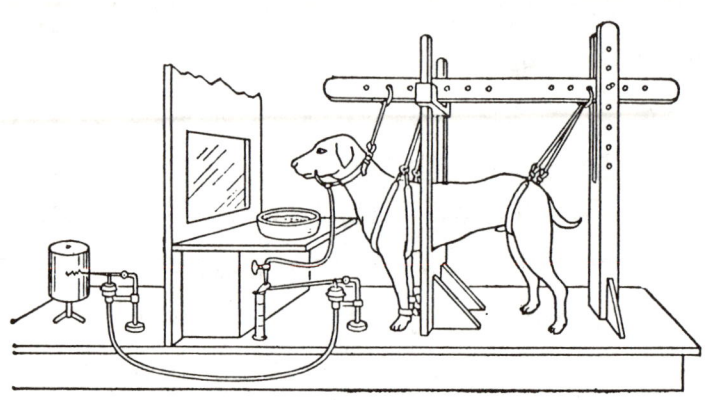

로 인해서 침을 흘리는 것은 선천적이고 본능적인 행동의 일부분으로 무조건적으로 이루어진다. 다음에 고기를 주면서 벨을 울린다. 이것을 몇 번이나 반복하면 벨 소리를 듣기만 해도 개는 침을 흘린다. 이것은 '고기를 주면서 벨을 울린다'고 하는 조건 하에서만 후천적으로 형성된(조건지워졌다) 것이기 때문에 조건반사(條件反射)라고 불린다(파블로프). 제13 그림은 그 실험이다.

 반사란 자극이 받아들여져서 흥분이 신경중추(뇌, 척수)로 전달되어 의식으로 떠오르지 않고, 근육, 선(腺) 등으로 나가는 것(이 순서는 반사궁이라고 한다)이기 때문에 조건반사는 행동 전체와는 관계가 없는 생리적 과정이다. 그러나 학습의 경우에는 같은 생각에 따라서 행동 전체를 설명할 수 있다. 그래서 조건반사라고 부르지 않고 조건반응(條件反應)이라고 하는 말을 사용한다. 동물이 맞으면 달아나는 것은 선천적인 반응이지만, 몇 번이나 '안 돼!'라고 말하면서 때리면 '안 돼!'라고 하는 소리를 듣기만 해도 달아나게 된다.

'때리는 것'에 '안 돼!'가 대신해서 '안 돼!'라고 하는 소리로 달아나는 반응을 일으킨다. 이것이 조건 반응이다.

파블로프의 실험에서 벨은 말하자면 '지금 고기가 온다'고 하는 예보의 역할을 하는 사인이지만, 이 사인이 그 선천적인 행동(고기를 받으면 침을 흘린다고 하는 반사)에 추가되어 하나의 종합된 행동이 되어 버린 것이다. 하나의 종합된 행동이 되고 있기 때문에 이 전체의 일부인 사인을 받을 때 행동 전체가 발생하는 것이다. 습관의 형성이란 이와 같이 사인이 되는 지각을 행동으로 받아들여서 최초의 자극(고기)이 없어도 그 사인(벨)에 의해 행동을 일으키는 것이다.

아이는 부모의 무서운 얼굴을 보고 예의 바른 습관을 몸에 익힌다. 부모의 무서운 얼굴은 '야단 맞는다'고 하는 싫은 일의 사인이다.

미로에 들어간 쥐가 먹이로 가는 길을 익히는 것도 마찬가지로서 먹이의 냄새→음식에 대한 접근은 무조건 반응으로서 '음식물에 접근하는 미로의 지각'이 '먹이의 냄새'를 대신해서 그 사인이 되고, 습관이 형성된다고 생각할 수 있을 것이다.

따라서 이 경우 첫째로 파블로프 실험에서의 고기→침이라고 하는 무조건 반사에 상당하는 것 같은 행동을 일으키는 욕구가

제14그림

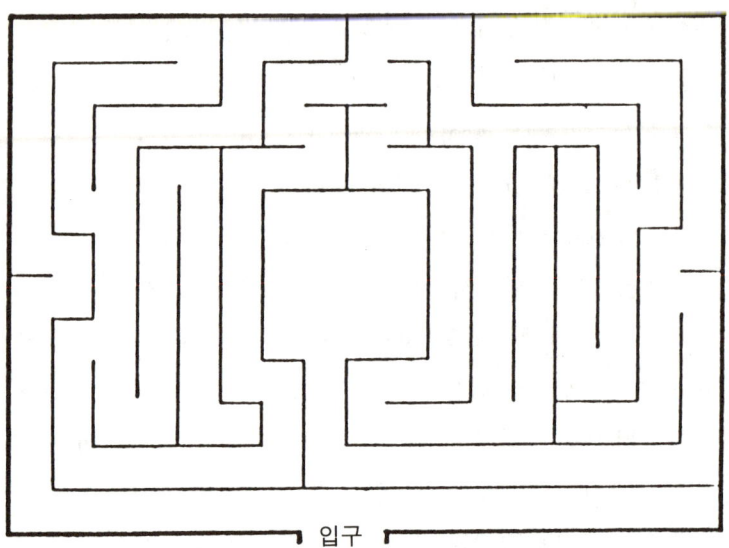

햄프톤 궁전의 유명한 미로. 이 모형을 만들어서 중앙에 먹이를 두고 입구로 쥐를 들여보내 학습 연구를 한다. 오늘날 여러 가지 모양의 미로가 이용되고 있다.

없어서는 안되고, 둘째로 사인으로서의 지각이 없어서는 안 된다.

그러나 이와 같은 조건 부여가 아니고, 습관이 형성되는 경우가 있다.

개에게 '앉아'를 시킬 때에 '앉아'라고 하는 소리가 앞의 경우의 벨에 상당하고, 앉는 것이 침에 해당하는 반응이겠지만, 고기→침에 해당하는 선천적인 무조건 반응은 없는 것 같다. 제멋대로 행동하게 해서 우연히 이것이 잘 되면 비스켓이 주어지고, 이로 인하여 '앉아'라고 하는 소리(조건 자극)로 앉게(조건 반응)된다. 조건 반응이 비스켓을 받기 위한 사인 또는 수단이며, 말하자면 도구가 되고 있다. 이것을 도구적 조건 부여라고 하며 파블로프 경우의 고전적 조건 부여와 구별한다.

학습에 대해서는 심리학상 상당히 의론이 비등했다. 손다이크는 '시도와 실패'를 실행해서 효과가 있는 것이 남고, 무효(無效)한 것이 사라지기 때문에 학습이 이루어지는 것이라고 하는 '효과의 법칙'을 주장했지만 톨먼은 여기에 반대했다.

톨먼은 쥐를 2조로 나누어서 1일 수 차례 미로 실험을 했다. 한 조는 보통의 실험과 마찬가지로 목적지에 먹이를 두고, 다른 한 조는 먹이 없이 했다. 예상되는 것처럼 먹이가 있는 조에서는 몇 번이나 하는 사이에 차차 막다른 골목길로 들어가는 수가 적어져서 연습 곡선은 상승했지만, 먹이가 없는 조는 성적이 좋지 않았다. 그러나 7일째가 되어서 먹이가 없는 조에도 먹이를 두었더니 갑자기 이쪽 조의 성적이 올라가서 다음 날은 먹이 조를 따라 붙었던 것이다.

어째서 이런 일이 발생했을까. 톨먼은 '잠재 학습'이 있었다는 점 즉, 먹이는 없어도 미로 통로를 어느 정도 기억했다고 생각해야 한다고 주장한 것이다.

이미 서술했듯이 우리들은 지각 욕구라고 하는 것이 존재한다고 생각한다. 먹이가 없어도 미로를 탐색하고, 이 상황을 지각하

려고 하는 욕구가 있는 것이다. 잠재 학습이라고 할 필요는 없고, 효과의 법칙을 부정할 수는 없다.

목표인 최초, 먹이가 없고 미로의 정황이며, 그 자극이었던 것으로서의 경우는 학습했던 것이 먹이를 목표로 하는 학습 때에 도움이 되었던 것이다. 영어를 공부한 사람에게는 프랑스어 학습이 잘 되어 가듯이 한 번 형성된 습관이 다른 정황에서도 도움이 되는 것은 전이(轉移)라고 불리지만, 이 경우도 지각 욕구를 만족시키기 위해서 학습한 것을 먹이를 목표로 하는 학습으로 전이했다고 생각할 수 있으리라.

## 습관과 기억

우리들이 타이프 라이터를 배우는 것도, 미로에 넣어진 동물이 먹이가 있는 곳까지 가는 코오스를 기억하는 것도 학습이고, 습관의 획득이다. 과학이나 역사를 배우는 것은 지식을 배우는 것으로서, 운동 방법을 배우는 것이 아니기 때문에 보통 기억이라고 불리지만 실제상은 지식의 학습과 운동의 학습을 나눌 수 없다. 영어 회화에 상달하기 위해서는 혀나 성대의 운동에 관계가 있는 발음 습관을 몸에 익힘과 동시에 문법이나 그밖의 지식을 기억하지 않으면 안된다. 기억과 습관에는 본질적인 구별은 없고, 기억은 지식에 관계된 습관이며, 습관은 운동에 관계된 기억이라고 생각하는 사람이 많은 것도 이 때문이다.

그렇지만 프랑스학파에는 기억과 습관을 구별하는 사람이 많다. 예를 들어 벨구슨은 소위 기억에는 두 가지 의미가 있다는 것, 기억과 지식에 대한 습관이란 별개의 것이라고 논했다.

'내가 싯구를 기억했다고 하자. 그것을 암송하기 위해서 우선 각각의 한 구 한 구를 읽는다. 그리고 나서 몇 번이나 이것을 반복한다. 읽을 때마다 진보가 인지된다. 각각의 말은 차츰 연결되어 전체를 구성해 버린다. 이 때에 이르러서 나는 그 싯구를 암송한 것이다. 그것이 기억이 되었다고 하며, 기억 인상(記憶印象)이 되었다고 일컬어진다.'

'이번에는 그 시구가 어떤 식으로 학습되는지를 생각해 본다. 그 때 차례차례 경과한 시기를 떠올려 본다. 매번 읽은 것이 각각 독자적 개성을 가지고(그 때는 벚꽃이 피어 있었다, 그 때는 그녀가 옆에 있었다고 하는 것처럼) 머리 속에 떠오른다. 그것은 시간의 경과 중에 있어서 그 차지하는 위치에 따라서 그 전에 읽은 것과 다르고, 그 다음에 읽은 경우와도 다르다. 요컨대 매번의 암송은 내 앞에, 내 경력 중의 일정한 사건으로서 재생된다. 이 경우에도 이런 심상을 기억이라고 하며, 그것이 기억 인상으로 남아 있다고 일컬어진다.'

제1의 경우는 습관과 구별되지 않는다. 나는 영어로 얘기하지만 그 하나하나의 말을 언제 어디에서 배웠는지 모른다. 타이프 라이터가 키를 바르게 두드려도 그것을 언제 학습했는지 모르는 것과 마찬가지이다.

제2의 경우는 자신의 과거에 단 한 번만 일어난 것이다.

이전의 경우를 습관 기억이라고 부르자. 그것은 기억을 남겨서 그것을 자동적으로 재생하는 행동이다. 과거에 있어서 벨을 들으면서 고기를 받은 개가 벨을 들으면 침을 흘린다고 하는 경우와 같은 행동이다.

이후의 경우는 상기 기억 또는 간단하게 상기라고 부르자. 그것은 단지 과거의 추억을 재생하는 행위가 아니라 평생 중에 한 번만 일어나고 다시 발생한 적이 없는 체험의 재현이다. 이 상기 중에는 어린 시절의 경험이 꿈에 자연히 나타나는 것 같은 경우가 있고, 또한 '과거의 일이다'라고 하는 의식을 수반한 판단으로 조리가 서는 것 같이 재구성되는 것이 있다.

나는 습관과 기억을 다음의 4종류로 분류한다.
1. 습관…… 타이프 라이터를 할 수 있다.
2. 습관 기억 또는 지식…… 한자를 외운다.──기계적이라고 하는 의미로, 자동적으로 현재의 행동양식을 만들고 있다.
3. 심층심리적(深層心理的) 기억…… 어린 시절에 경험한 일을 꿈에 본다──자발적 즉, 외부로부터의 자극에 의하지 않는다고 하는 의미로, 자동적이고 비현실적이다.
4. 재인 기억…… 저것은 몇 년 몇 월의 일이었다고 생각해 낸다──의식적이고 현실적이다.

기억을 핵산(核酸;이 속에는 유전의 암호를 다음 세대에 전달해 가는 DNA와 이 암호에 따라서 아미노산──단백질을 구성하는── 배열의 순서를 결정하는 RNA가 있는데, 후자 즉 RNA)과 연관시켜서 설명하려고 하는 연구가 있다. 쥐에서 RNA 의 합성을 방해하면 쥐가 미로를 통해서 먹이 있는 곳으로 가는 학습이 제대로 되지 않는다고 하는 것이다(딩그먼, 스폰).

또한 원시적인 뇌와 신경을 가지고 있는 플라나리아를 사용한 실험으로부터,경험의 결과를 얻는 물질이 있다고 생각하는 사람이 있다(마크코넬). 이 동물을 밝은 수조에서는 먹이를 얻게 하고, 어두운 수조에서는 전기 쇼크를 받도록 훈련해 둔다. 이 훈련을 받은 플라나리아의 몸을 가늘게 잘라서 훈련을 받지 않은 플라나리아에게 먹이로 주면 이 먹이를 먹은 플라나리아는 먹이가 된 플라나리아와 마찬가지로 빛쪽으로 가려고 하며, 어두운 쪽을 피한다고 하는 것이다.

이와 같은 의미의 기억은 물론 상술한 습관이다. 오늘날까지의 심리학, 특히 실험심리학에서는 기억이라고 해도 습관 및 습관 기억이 중심이었다.

무의미한 실러블(미뉴, 타노, 호모라고 하는 것 같은)이나 숫자 등을 기억시키고, 일단 15라면 15 전부를 암기해서 말할 수 있게 될 때까지의 횟수를 조사하거나, 일단 기억시켜 버린 후, 일정 시간이 지나고 어느 정도 기억하고 있는지를 조사해서 기억한 다음 경과하는 시간과 망각률의 관계를 분명하게 하거나 했다.

또한 기억하기 위해서 반복하여 학습하는 경우에 하루 8회씩 3일인 경우와 하루 4회씩 6일 및 하루 2회씩 12일로 나누는 경우, 횟수로 말하자면 모두 24회이지만, 하루 2회씩의 경우가 가장 성적이 좋고, 1일 4회가 여기에 이어, 하루 8회씩 3일 반복하는 것이 가장 성적이 나쁘다는 점, 즉, 사이를 두는 편이 좋다는 점(요스트의 법칙)이 제시되어 하나의 숫자 계열을 암기시킨 후 곧 제2의 계열을 기억시킬 때의 기억이 방해받는 점이나 (뒷방향 억제, 역향 억제), 이전의 것에 의해서 나중의 기억이 장해를 받는다는 점(앞 방향 억제, 전진 억제) 등도 연구된 것이다.

기억력이 좋은 사람을 머리가 좋다고 하는데, 미개인 등에서는 습관적 기억 즉, 기계적 기억이 몹시 좋은 사람이 있고, 긴 노래는 그 의미를 전혀 이해하지 못하지만 기억하고 노래는 부르는 사람, 매우 긴 명령을 한 마디도 빠뜨리지 않고 먼 거리의 장소까지 전달하는 사람이 있다는 사실이 보고되고 있다.

제15그림

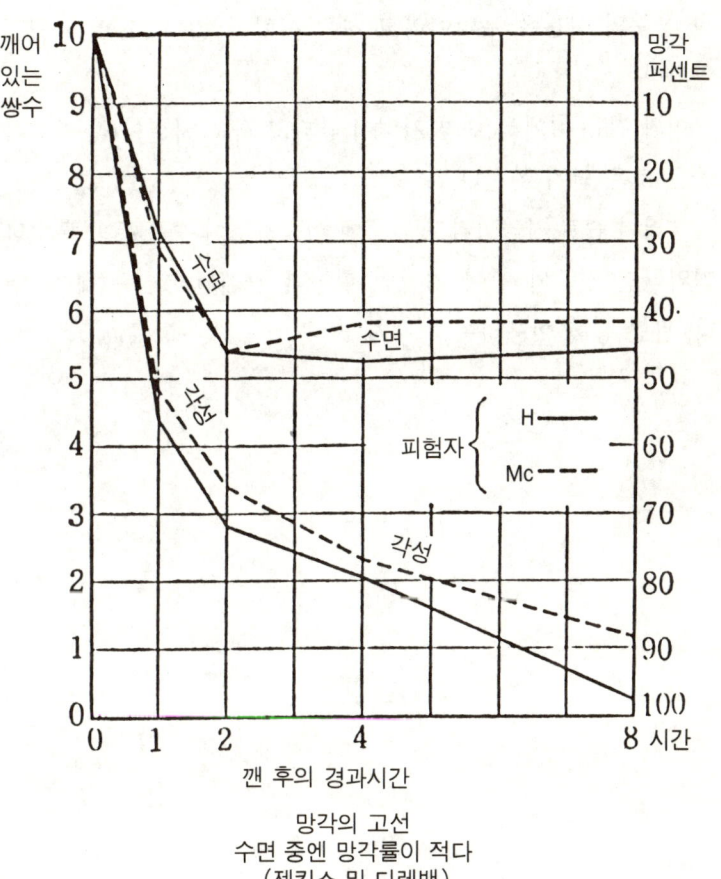

망각의 고선
수면 중엔 망각률이 적다
(젠킨스 및 다렌백)

 지능이 낮은 사람이라도 기계적 기억에서는 뛰어난 경우가 있다. 어느 정신박약자는 어느 지구에서 이루어진 지난 10년 간의 모든 장례식날을 기억하고 있고, 몇 년 몇 월 며칠에는 어디이 ~~누구누구의~~ ~~장례식이~~ 있었다고 하는 사실을 알고 있었다. 아니 그 뿐인가, 그 사람이 죽은 것은 몇 세 때에, 장례식을 한 ~~상주의~~ 이름은 무엇이라고 하는 사람이었는지도 잊고 있지 않았다.

이와 같은 점에서 보면 기억이 좋다고 하는 사실이 곧 머리가 좋은 것은 되지 못한다.

그러나 습관 기억이라도 나중에 서술하듯이 수학 등의 특수한 기억력인 경우와 같이 지적인 활동과 관계된 것, 즉 예측, 추리, 판단 등을 이용하는 경우가 많다.

# 제8장
# 주의―행동의 태세

### 행동의 방향 설정

　환경에 적응하기 위해서는 많은 행동을 동시에 실시하는 것은 적당하지 않다. 식욕(食欲)을 만족하면서 성욕(性欲)도 만족하기는 곤란할 것이다. 하나의 행동을 중심으로 해서 다른 행동에 브레이크를 걸고, 통일된 행동을 실시할 필요가 있다.
　사물을 확실히 보거나 듣거나 해서 여기에 효과적으로 반응하기 위해서 그 때에 불필요한 사물의 지각을 억압하고, 하나의 사물만을 뽑아 내는 것은 이미 서술했지만, 이를 위해서 준비하는 태도가 중요하다.
　이와 같은 적응을 위해서 준비하는 태도를 주의(注意)라고 한다. 이것은 외계의 정황을 파악하는 경우에도, 일을 생각할 때에도, 옛날 일을 생각해 낼 때에도 사용되는 것으로 적응 행동의 준비 즉, 환경에 대해서 잘 적응해 나가기 위한 준비이

제16그림

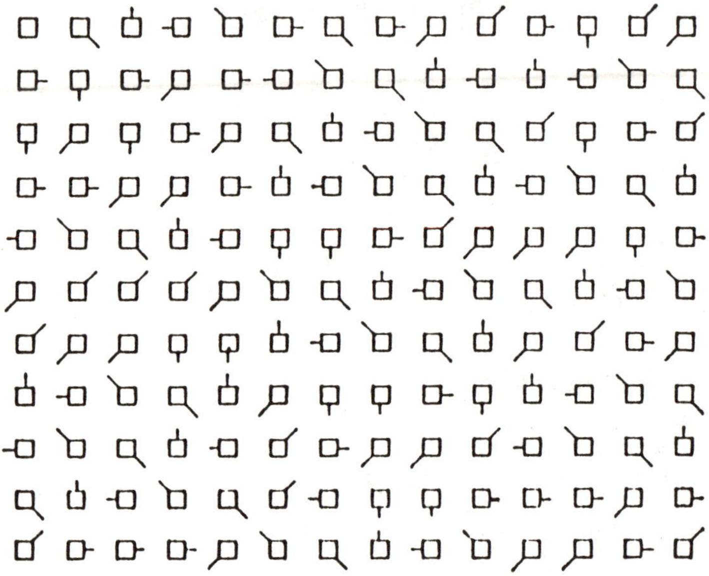

[도형 그림]

다. 위험한 것이 나타났을 때, 공부해야 할 책을 읽을 때 여기에 대해서 준비시키는 것이 주의이다. 고양이에게 쥐를 보인 순간에 소리를 듣게 하면 이 소리에 의해 정신의 흥분은(달팽이핵으로)저지되고, 대뇌피질(大腦皮質)에 이르지 못하고, 쥐를 퇴각시키면 소리에 대한 반응이 일어난다고 하는 실험도 있는데 신경에는 적응에 불필요한 자극을 받아들이지 않는 것 같은 구조가 갖춰져 있는 것이다 (대뇌피질→망양체→말초라고 하는 경락을 취하는 브레이크에 의한다).

　인간의 경우는 필요한 것만을 받아들이는 이 자세가 나중에 서술할 의식의 형태를 취하는 경우가 많고, 보통 주의할 점은 '잘 의식하는 것'이다. 노력해서 의식하느냐, 노력하지 않고 의식하느냐에 따라서 주의는 의지적(意志的) 주의와 자동적(自動的) 주의로 나눌 수 있다. 이 말을 암기하려고 이것을 주시하는 것은 나중에 서술할 의지와 관계가 있기 때문에 의지적 주의이고, 큰 소리에 주의하거나 공복시 음식물에 주의하는 것은 특별한 노력을 하지 않고 주의하기 때문에 자동적 주의이다.

　유쾌는 사물이 우리들을 끌어 당길 때의 태도, 불쾌는 사물로부터 떨어지려고 할 때의 태도였지만 주의는 그 어느 쪽에도 기울지 않는다──그러나 무관심이 아니다──적응의 방향 설정이다.

　주의로 인해서 운전수는 적신호를 보고 신속하게 브레이크를 걸 수 있고, 육상 선수가 출발 신호를 듣고 곧 달려나갈 수 있다. 자극에 대해서 반응할 때까지의 시간을 반응 시간이라고 하는데, 반응 시간은 주의할 때에는 짧아진다. 텍스트 속에서 알파벳 문자를 몇 개인가 지운다든가, 제16 그림과 같은 그림 속에서 ꓛ와 ꓷ를 골라내든가(비에론틀즈 검사) 엉터리로 나열한 것이기 때문에 아(ア)와 메(メ)와 후(フ)와 리(リ)를 골라내서(아메후리 검사) 이것을 제거시키는 제거 검사(말초검사)는 특히 주의를 요하는 문제로 주의력을 측정하는데 이용된다.

## 심적(心的) 긴장력

주의는 외계에 적응하는 태도로서 당연 외부의 자극에 관계하지만(큰 소리에 주의하는 것처럼), 자극에 주의하기 쉬운 정신 상태와 주의하기 어려운 정신상태가 있다. 수면 중에는 각성 중에 주의할 수 있는 자극에도 주의할 수 없다. 이것은 인간의 정신활동 즉, 적응의 활동이 항상 같은 상태로 진행하고 있지 않기

때문이다.

 우리들에게는 외부로부터의 자극의 유무(有無)와는 별도로 적응에 활동적으로, 적극적으로 실행하는 시기가 있고, 비활동적으로 적응에 소극적이 되는 시기가 있다. 쟈네가 심적 긴장력의 파동이라고 부른 것이 이것이다.

 각성 ──수면의 리듬은 그 가장 대표적인 것이지만, 각성 중에도 항상 이 파동을 볼 수 있다.

그러나 우리들이 적응을 충분히 행하지 않게 되는 상대, 즉, 심적 긴장력의 저하는 일을 계속하는 결과로도 발생한다. 일은 적응을 위해서 행하는 행동이지만, 이것을 계속해 나가는 사이에 오히려 이것이 미래의 적응에 유해(有害)하다고 생각되는 상황을 발생시킨다. 피로하다. 그것은 '일을 그만두라'고 하는 신체의 사인이다. 이 사인과 함께 적응력이 저하해 간다.

단지 인간의 사회 생활에서는 이 사인을 무시하고 일을 계속하는 것이 강제되는 경우가 적지 않다. 이 때, 적응력을 일시적으로 유지하기 위해서 육체의 지혜가 작용해서 신경의 흥분이 고조된다. 이 상태가 계속되는 것이 소위 신경쇠약으로서, 이 특징은 '과민성 쇠약'이라고 하는(비어드)의 상자 때문이다.

일, 특히 단조로운 일을 계속할 경우에는 반드시 신체적 피로를 발생시키지 않더라도 싫증난 상태(심적 포화——칼스텐)를 초래하지만, 단조로운 일도 또한 사회 생활이 낳은 결과로서 원래는(생물학적으로는) 그와 같은 것으로부터 달아나는 것이 적응에 도움이 될 것이다.

# 제2편
# 인간성의 발전

# 제1장
# 사고와 언어

### 사고란 무엇인가

환경에 대한 적응 방법으로서 인간에게는 동물과 전혀 다른 것이 출현했다. 언어를 가지고 사고하는 것, 관념을 가지고 의지적 행동을 하는 것, 의식을 가진 것 즉, 한 마디로 말하자면 밖으로 나타나는 행동을 적게 하고 내면적인 행동을 많이 하게 된 것이다. 인간은 머리 속으로 정황을 설정하고, '이런 경우라면 이렇게 하자'고, '예측'을 해서 실제로 운동 폭발을 하지 않고 머리 속에서 바동바동한다.

이와 같이 내적 방법으로 문제(과제)를 해결하는 것을 사고(思考)라고 한다. 여기에서 문제 또는 과제라고 하는 것은 넓은 의미로서 장기 때 어떤 식으로 말을 움직이는가, 어떤 상대와 결혼해야 할까 등이라고 하는 것은 모두 여기에 포함된다.

## 개념과 추상

　지성의 장에서 서술한 원숭이가 우리 밖에 있는 바나나를 집는 방법을 생각해 내 보자. 우리 앞에 막대기를 두고, 이 막대기로 바나나를 끌어 당길 수 있는 거리에 바나나를 둔다. 하등 원숭이는 막대기를 손에 쥐고도 이것을 사용해서 바나나를 잡을 수 없지만, 침팬지가 되면 인간이 하는 것 같이 막대기를 도구로 해서 바나나를 집는다.

　이후 침팬지에게 다른 막대기를 주어도 마찬가지로 사용하고, 철막대기라도, 그리고 철사라도 같은 목적으로 사용할 수 있는 것이라면 바나나를 끌어 당기기 위해서 사용한다. 즉, 침팬지 정도가 되면 방법을 일반화해서 '다르지만 비슷한 정황'에 대해서 같은 행동을 하는 것으로, 이로 인하여 다양하게 적응할 수 있는 것이다. 이 경우 원숭이는 '바나나를 끌어 당기는 것'이라고 하는 '개념과 비슷한 것'을 가지고 있다고 말할 수 있으리라. 언어가 없기 때문에 이름은 기록되어 있지 않지만, 그것은 일반적이며 추상적(구체적인 이 막대기, 저 철사 등으로부터 '바나나를 끌어 당길 수 있는 것'이라고 하는 성질을 이끌어 내고 있기 때문에 추상적이다)이다.

　일반적인 것을 파악하는 작용은 모든 동물에게 있다. 아메바는 음식물에 대해서는 어떤 음식물에게라도 위족(僞足)을 뻗어서 접근해 가고, 독물(毒物)에 대해서는 모든 독물에 대해서 이것을 피하는 행동을 취한다. 단세포 동물에서도 말하자면 '음식물 일반', '독 일반'이라고 하는 것 같은 일반적인 것을 파악

제17그림

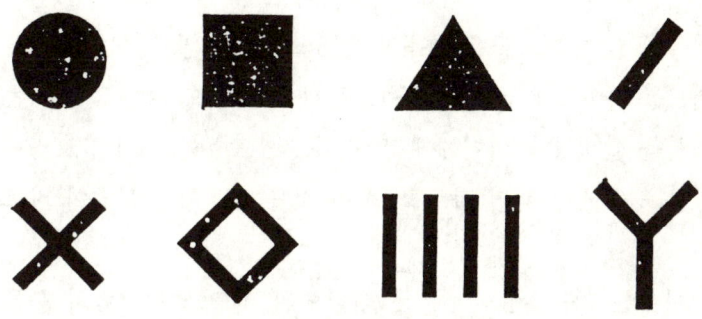

해서 행동하고 있는 것이다.

 푸리슈에 따라서 헤르츠는 제17 그림과 같은 틈이 없는 4개의 도형(상례;上例) 및 틈이 있는 4개의 도형(하례;下例)을 사용해서 꿀벌을 틈이 없는 모양 쪽으로 가면 꿀을 얻게 되도록 훈련했다. 이것이 성공해서 꿀벌은 틈이 있는 모양과 틈이 없는 모양을 구별했다. 틈이 없는 모양을 하나의 종류로 하고, 틈이 있는 모양을 다른 종류로 했던 것이다. 그러나 인간이 보통 가지고 있는 개념인 '원'이라든가 '삼각형'이라고 하는 것 같은 모양에 대해서는 훈련할 수 없었다.

 '일반적인 것', '개념과 비슷한 것'은 상술과 같이 아메바와 같은 단세포에도 있지만, 인간의 경우는 사회로부터 받아들이는 언어, 동작이라고 하는 것 같은 심볼에 의하고, 동물이 가지고 있는 '개념과 비슷한 것'과 완전히 다른 개념이 형성되어 있다. 사회에서 정한 틀에 따라서 개념이 결정되어 버리고 있다.

아이의 추상작용 실험에 '색깔이냐 모양이냐'라고 하는 검사가 이용된다. 데크돌은 다음의 제18 그림의 대열에 있는 것 같은 카드를 아이에게 건네주고, 윗그림과 같은 카드 위에 얹게 하는 실험을 실행했다. 아이에게 건넨 카드는 모두 윗그림과 모양이 같을 경우에는 색이 다르고, 색이 같을 경우에는 모양이 다르다.

아이는 가장 왼쪽의 푸른 사각형의 카드를 윗그림의 붉은 사각(왼쪽 위)이라든가 녹색의 사각(오른쪽 아래)에 둘까, 그렇지 않으면 푸른 삼각(상단 왼쪽에서 2번째) 또는 푸른 마름모꼴(왼쪽 아래)에 포갤까. 전자의 경우는 모양을 추상한 것이고, 후자의 경우는 색깔을 추상한 것이다.

이 실험 결과에서 보면 아이는 처음 색을 추상하지만, 연령이 올라감에 따라서 모양을 추상하게 된다. 더구나 만일 앞의 것과 같은 기하학적인 도형을 사용하지 않고, 일상 흔히 볼 수 있는 사물의 그림을 사용하면 모양의 추상이 압도적으로 많다.

또한 이 실험에 있어서 5세 정도부터 '모양에 의한 추상'과 '색에 의한 추상'이라고 하는 두 가지의 방법을 발견하지만, 그 이하의 아이는 하나의 추상 방법밖에 사용하지 않는다는 사실을 알 수 있다. 새로운 선택 방법을 발견함으로써 추상 작용은 발달하고, 동시에 개개의 것의 특수성(색은 푸르고, 모양은 사각이라고 하는 성질)을 발견해 간다. 지성(知性)의 발달이란 같은 것을 앞에 놓고 여러 가지 견해(추상 방법)를 취하게 되는 것이

제2편——인간성의 발전  123

제18그림

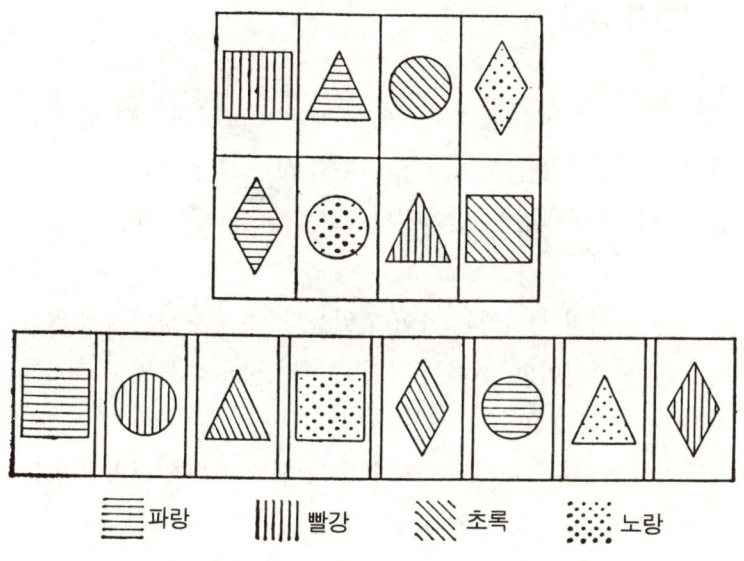

색에 따라 선택하느냐, 모양에 따라 선택하느냐

다. 우리들은 고양이와 호랑이를 짐승이라고 하는 이유로 같은 류로 취급하고, 가축이라고 하는 점으로부터 다른 것으로 취급하는 경우도 있다. 인간은 여러 가지 추상 방법을 취할 수 있다.

그렇지만 이와 같은 여러 가지 추상 방법은 개인이 발견하기 이전에 우선 언어에 의해서 주어진다. 우리들 자신이 고양이, 호랑이, 가축이라고 하는 분류를 발견하기 전에 언어가 그 분류를 부여해 주는 것이다.

### 사인과 심벌

이미 서술했듯이, 벨을 울리면서 개에게 고기를 주면 몇 번인가 후에는 벨만 울려도 침을 흘린다고 하는 조건 반사가 형성되는데, 이 경우 벨은 사인이었다. '고기가 온다'고 하는 신호였다.

이 두 가지의 사인에는 차이가 있을까. 후자는 타인에게 알리려고 만든 사인이고, 전자는 저절로 생긴 것으로 특별히 고기라고 하는 것을 타인에게 알리기 위한 사인은 아니다.

알리려고 만든 사인에는 '의미'가 있다. 언어는 알리려고 만든 사인이기 때문에 의미를 가지고 있다.

알리려고 만든 사인은 단지 자극 대신이 될 뿐만 아니라, 반응 대신도 된다. '어머니'라고 하는 말은 어머니라고 하는 자극 대신이지만, 이번에는 아이가 어머니에게 달려 들어 안기는 대신에 '어머니'라고 하는 말만으로 때울 수 있다.

알리려고 하는 의도를 가지고 만들어낸 사인은 심벌(상징)이라고 하는 것이 있어서 가실러가 인간을 상징적 동물(animal symbolicum)이라고 부른 것은 이런 의미이다 (그러나 상징이라고 하는 말은 여러 가지로 사용되기 때문에 주의하지 않으면 안된다).

카실러 등의 학자는 동물은 사인을 갖지만 심벌을 가지고 있지 않음을 강조한다.

　이 점을 분명히 한 흥미있는 예는 계산을 할 수 있는 말——현명한 한스——의 예(카츠)다.

　이것은 특별히 지혜가 있는 영리한 말로서 센세이션을 불러 일으켰다. 말은 어떤 질문도 요해하고, 앞다리로 바닥을 두드려서 해답했다. 알파벳 문자는 수로 나타내고, 또한 한쪽 다리는 10자리, 다른 쪽 다리는 1자리를 나타내도록 훈련되어 있었다. 놀랄 만한 일은 말은 가감승제(加減乘除)는 물론 분수를 소수로 고치기니 소수를 분수로 고치거나 할 수조차 있었다. 날싸나 시각을 말하는 것과 7시 반에서 5분 지나면 짧은 바늘은 어디를 가리키고 있는가라고 하는 질문에도 정확하게 대답했다. 마침내 심리학자, 동물학자 등이 이 말을 연구하기 위한 특별한 위원회를 만들었다. 더구나 이 위원회도 이 경우에 속임수가 없다는 사실만은, 실제로 이와 같은 능력을 가지고 있다고 하는 결론을 제출하기에 이르렀다.

그렇지만 수 주간 후에, 결국 그 실태를 밝히는 스테이트먼트가 발표되었다. 말에게 질문을 할 때, 그 자리에 입회하고 있는 사람들에게 전혀 답을 알리지 않도록 해 둔다. 즉, 몇 장인가의 카드에 문제를 써 두고 그 중의 한 장을 랜덤으로 뽑아내서 말에게만 이것을 보이도록 한다. 이 경우 말은 전혀 답할 수 없었다. 매우 간단한 문제에도 해답할 수 없었다. 말은 언제까지나 앞다리로 바닥을 두드리며, 문제를 생각한다고 하기보다도 문제를 낸 사람의 태도, 동작에 주의를 기울이고 있는 것 같고, '바닥 두드리기를 멈춰라'하는 명령을 기다리고 있는 모습이었다. 그래서 일은 분명해졌다.

사실 말은 문제를 낸 사람의 표정에 반응하고 있었던 것이다. 말이 앞다리로 바닥을 두드려서 옳은 수를 친 순간 검사하고 있는 사람은 머리와 몸통을 무의식적으로 앞쪽으로 움직인다 ─말은 이것을 인지하고 두드리기를 멈춘 것이었다. 사실, 이 머리와 몸통을 앞으로 조금 내미는 운동을 일부러 해 보여서 말을 속일 수 있었던 것이다.

요컨대 말은 그저 표정에 반응했을 뿐으로, 사소한 추상적 사고조차도 하고 있는 것은 아니었다.

위의 말과 마찬가지로 아니, 그 이상의 수학적 능력을 보인 것은 엘바펠트의 말이라고 불린 수 마리의 말이었다. 생후 2년 4개월의 말을 데리고 와서 하루에 1시간 반씩 훈련해서 불과 6개월 후에 놀라운 계산을 할 수 있었다고 하는 사실은 실로 놀랄 만한 일일 것이다. 도저히 인간의 힘으로 할 수 있는 일 (?)이 아니다. 그러나 이 경우도 결국 말이 정말로 문제를 푼 것이 아니고, 마부의 신호에 반응했다고 하는 사실이 밝혀졌다.

현명한 개 등도 이런 말의 경우와 마찬가지로 주인의 사소한 행동에 반응한다. 애견과 항상 산책하러 나가는 사람이 있었다. 주인이 산책 준비를 하면 개는 기뻐서 꼬리를 흔들고, 뛰어 돌아다니며 흥분했다. 어느 날, 이 주인은 사소한 실험을 해 보려고 생각했다. 여느 때와 마찬가지로 모자를 쓰고, 지팡이를 가지고 무엇이든 산책하러 나갈 때와 완전히 똑같은 준비를 하고 개집 앞에 섰다. 단, 이 날은 산책하러 나가려는 의도는 없었다. 개를 속여 보려고 생각했을 뿐이었다.

그렇지만 놀랍게도 개는 조금도 속지 않았다. 개는 개집 구석에 꼼짝 않고 움직이지 않았다. 관찰 결과, 정체를 파악할 수 있었던 것이다. 이 주인은 외출하기 전에는 반드시 중요서류가 들어 있는 테이블의 서랍이 확실히 잠겨 있는지 어떤지를 조사하기 위해서 열쇠를 딸가닥거리고 있었는데, 개를 속이는 실험을 했을 때는 이것을 잊었던 것이다. 그러나 개에게 있어서는 산책하러 나간다고 하는 신호 중에서 이 딸가락하는 소리는

없어서는 안될 요소였다. 이것이 없기 때문에 반응을 일으키지 않았던 것이다.

이와 같은 예는 말이나 개가 훌륭한 능력을 가지고 있는 것 같지만, 단순히 인간의 동작이나 열쇠 소리라고 하는 사인에 대해서 반응하고 있음을 나타내고 있다.

그러나 말에게 있어서 인간의 동작은 '그러니 바닥 두드리기를 멈춰라'고 하는 말과 같은 것이고, 열쇠의 소리는 '자, 산책하러 나가자'라고 하는 말의 일종이 아닐까.

 사인의 경우는 기계와 마찬가지로서, 광전관(光電管)이나 뭔가를 사용해서 표정에 반응하는 것 같은 기계말을 만들어서 계산시키거나, 소리에 반응해서 꼬리를 움직이는 인조견을 만드는 일은 반드시 희망이 없는 일은 아닐 것이다.

 그러나 언어와 같은 심볼——알리려고 하는 의도를 가진 사인——은 소리나 빛에 대한 반응이 아니라 의지의 지시가 문제로서, 그것은 기계의 일부로 사인에 반응할 경우의 오퍼레이터가 아니고, '저것은 무엇 무엇이다'라고 의미를 지시하는 데지그네이터다.

 심벌은 어떤 일에 대해서 책상을 보고 있지 않은 사람에게는 '저것이 책상이다'라고 알리고, 화재를 모르는 사람에게도 '불이 일어났다'고 하는 정보를 주며, '여기에서 편지를 쓰자'라든가, '소방서에 알리자'라고 하는 행동을 일으킨다. '통행금지'라고 하는 표지가 있으면 마음껏 지나다닐 수 있는 길을 지나다닐 수 없게 할 수 있다.

 실제로 책상이나 화재를 보이지 않더라도, 장해물을 두고 통행을 막지 않더라도 타인의 행동을 지배할 수 있다. '의미'를 지시하고 있기 때문이다.

### 제2신호계

 사인과 심볼은 이렇게 해서 전연 질(質)이 다른 것이 되고, 사인에 반응하는 동물과 심볼 즉, 이를 사용하는 인간은 다른 세계에 살게 되는 것이지만, 사인으로부터 심볼이 생기는 구고를 생각한 것이 조건 반사의 학설이다.

이미 반복해 왔듯이 고기→침이라고 하는 선천적인 반사가 있었을 때, 고기를 줌과 동시에 벨을 울리면 벨에 의해서 침이 나온다고 하는 것이 조건 반사이기 때문에 벨은 고기의 대용(付用)이다.

인간이라도——알기 쉬운 예를 들자면——장아찌를 입에 넣으면 타액이 나온다. 항상 장아찌를 보고 입에 넣기 때문에 장아찌를 보기만 해도 타액이 나온다. 조건 반사로서, '장아찌를 보는 것'은 장아찌가 입에 들어간다고 하는 사인(신호)이다.

그러나 장아찌를 보이지 않고 장아찌라고 하는 말을 사용해도 타액을 흘릴 수 있다. 이것은 장아찌라고 하는 말이 조건 자극이 되었기 때문이라고 생각되는데, 장아찌라고 하는 말은 실제의 장아찌를 입에 넣는 대신이 아니고, '장아찌를 보는 것' 대신이다. '장아찌를 보는 것'이 '장아찌를 입에 넣는 것' 대신이며, 그 신호로서 장아찌라고 하는 말은 더욱이 '장아찌를 보는 것'의 신호이기 때문에 장아찌라고 하는 말은 '신호의 신호'라고 하는 것이 된다.

우리들은 여러 가지 자극을 신호로서 주위로부터 접수하고 있지만, 말은 이 '신호의 신호'로서 제2신호계라고 해야 할 것이다.

그러나 이와 같이 생각했다고 해도 말 즉, 제2신호계는 제1신호계와는 질적으로 다른 것으로 되어 있다. 제2신호계는 추상적이고 일반적이며(장아찌라고 하면 어떤 장아찌라도 좋다) 사

회 생활 중에서 인간이 만들어낸 체계이며, 상술했듯이 의미를 가지고 있는 것이다.

## 의미차(意味差) 판별법

의미에는 책상이라고 하는 말이 실제의 책상을 의미하고, 장미라고 하는 말이 현실의 장미를 의미할 때와 같이 분명하고 일정한 것이 있지만, 그밖에 '사물의 정취'라고 하는 것처럼 정의가 어려운 것도 있다.

그러나 이 나라에 태어나서 이곳에서 자란 사람은 이와 같은 정의가 어려운 것에 대해서도 공통의 어감(語感)을 가지고 있다. 오스구드는 어떤 말의 어감을 수량적으로 측정하기 위해서 시먼틱 디츠런셜 즉, 의미차 판별법(SD법)이라고 하는 방법을 생각했다.

예를 들어, polite(예의 바르다)라고 하는 말은 '매끄러움'이냐 '거침'이냐 하면 '매끄러움'이고, '나쁘다'인가 '좋다'인가 하면 '좋다' 쪽이며, '신선'이냐 '구식'이냐 하면 '신선'이며, '긴장해 있다'인가 '이완해 있다'인가 하면 '이완해 있다'고 하는 경향을 수많은 사람은 사람의 통계로부터 결론지었다.

하나의 말의 어감을 포함한 의미를 판별하려고 한 것이다.

## 언어(言語)와 실어(失語)

언어나 동작은 심볼이다. 그것은 그 사회의 멤버가 의미를 타인에게 나타내기 위한 것으로서, 사회화된 사인이라고 할 수 있다.

그러나 우리들은 혼자만 생각할 때도 이 언어라고 하는 심볼을 사용하고 개념은 언어에 지배된다. 같은 사회, 같은 시대의 인간의 사고방식이 유사해지는 것은 이 때문이다.

우리들은 언어가 지적 생활의 토대가 되고 있다는 사실을 잊기 쉽지만, 인간으로부터 언어를 빼앗아 보면 언어의 역할이 확실해진다. 그것은 '실어증'(失語症 ; 발성기관이나 청각에 장해가 없는데 말을 할 수 없게 되는 병적 상태)의 경우이다.

전세기 중반이 지나서 브로키는 오른손잡이의 경우는 뇌의 좌반구(左半球)의 일정한 장소(제3전두회 ; 第三前頭回), 왼손잡이의 경우는 우반구의 같은 장소가 상해를 입으면 실어증이 일어난다고 주장했는데, 그 후 대뇌피질에 감각을 담당하는 영역, 운동을 담당하는 영역, 더욱이 다리를 움직이는 곳, 손을 움직이는 곳이라고 하는 장소가 정해짐에 따라서 언어 중추라고 하는 것을 생각할 수 있게 되었다. 바스티앙과 웰니케는 말의 자극이 눈이나 귀에서 감각 중추로 전달되고, 다시 언어를 발하는 운동 중추를 지나서 입이나 목의 발성 기관으로 가는 코스의 겨냥도를 만들었다(제19 그림).

운동성 언어 중추가 상해(傷害)를 입으면 혀나 입술이나 목과 같은 발음 기관의 마비는 없는데도 말을 할 수 없게 되거나, 이야기를 하는 것이 곤란해지거나 한다. 단, 이야기를 들어서 알고 문자를 읽을 수도 있다(운동성 실어증).

감각성 언어 중추가 상해를 입으면 보거나 듣거나 할 수는 있는데, 우리들이 모르는 외국어를 듣거나 보거나 하는 것 같이 말을 모르게 된다(감각성 실어증). 여기에는 귀는 들리지만, 귀머거리와 같이 말을 모르는 경우(언어용 ; 言語聾)와 눈은 보이지만 맹인과 마찬가지로 읽을 수 없는 경우(언어맹 ; 言語盲)가 있다.

이렇게 해서 어린시절부터 완성되어 온 언어적 습관을 저장하고 있는 뇌의 장소가 파괴되어 지금까지 가지고 있었던 언어의

이미지가 사라져 버렸다고 생각했던 것이다.

그러나 이것으로는 설명할 수 없는 점이 있다. 뇌의 장소가 파괴되어 이미지가 없어졌다면 이후 말을 전혀 할 수 없을텐데 때에 따라서 이해하거나 이해하지 못하거나 한다. 말을 할 수 없다면 노래 역시 부를 수 없을텐데 노래를 불러서 사람을 깜짝 놀라게 하는 경우가 있고, '통(通)'이라는 글자도 '행(行)'이라는 글자도 읽을 수 없는데, '통행금지'를 읽을 수 있거나 한다. 이렇게 되면 실어증이라고 하는 것을 옛날과 같이 말을 받아 들이는 장소나 말을 표현하는 장소가 파괴되어 언어의 이미지가 없어진 것이라고 생각하는 것은 우습다. 손이 없어지면 글씨를 쓸 수 없는 것과 마찬가지로 머리 속의 일부가 파괴되어 개념을 언어의 형태로 표현할 수 없기 때문에 실어증에 걸린다고 하는 생각은 적용할 수 없게 된다. 고전학설에서는 말을 사용하는 직인(職人;지성)은 건재하지만 도구로써의 언어작용이 나쁘다고 생각했는데, 오히려 직인이 몸을 해롭게 만든 것 같은 것으로, 지성이 침해당해서 개념을 사용할 수 없게 되었다고 생각하는 편이 좋을 것 같다.

헤드는 전쟁 때에 뇌에 손상을 입고 실어증에 걸린 사람 11명을 연구했다. 이런 환자는 왼손을 오른쪽 귀로 가지고 간다고 하는 것 같은 동작의 흉내를 제대로 낼 수 없는 경우가 많다. 종래는 이것은 머리에 손상을 받았기 때문에 그 동작에 대한 습관의 영향이 사라지지 않게 된 것이라고 생각했다. 그러나 헤드의 다음 실험은 이 생각을 부정한다.

얼굴을 맞대고 자신의 왼손은 오른쪽 귀로 가지고 가면서 이것과 같은 일을 하도록 명령한다. 환자는 좀체로 잘 할 수 없다.

이번에는 환자와 함께 거울 앞에 서서 왼손을 귀로 가지고 가면서 환자에게 이것을 흉내시킨다. 이 경우가 얼굴을 맞대는 경우 보다도 훨씬 성적이 좋다.

그런데 입으로(또는 쓴 것으로) '오른손을 왼쪽 귀로 가지고 가십시오'라고 명령하면 거울을 향하고 흉내를 시켰을 때와

제19그림

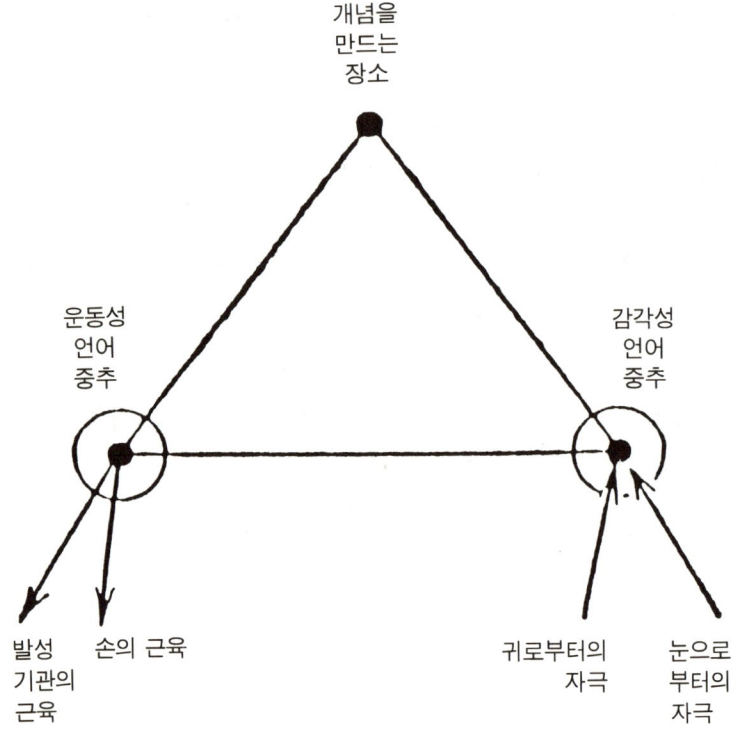

같은 정도로 잘 할 수 있다.

 동작의 습관이 없어져 버렸다면 입으로 명령했다고 해도 제대로 할 수 없을텐데 어째서 이 때에는 잘 할 수 있는가. 거울을 향해 앞의 실험과 같은 동작을 흉내시키는 것은 실제로 왼손을 붙잡고 오른쪽 귀로 가지고 가 주는 것 같은 것이지만, 얼굴을 맞대고 흉내시키는 경우에 환자는 '왼손을 오른쪽 귀로 가지고 가는 것이다'라고 하는 언어를 마음 속으로(내언어로서) 이용하지 않으면 안된다. 이 능력이 상실되어 있는 사람에게 말로 명령을 주면 내언어(內言語)가 보완되어서 동작을 제대로 할 수 있는 것이다.

 실어증 환자는 사람의 흉내를 내서 하나의 시계를 다른 시계에 맞추는 일——이것은 기계적 모방이지만——은 할 수 있지만, '지금은 몇 시인가'라고 질문해도, '시계를 6시 반에 맞춰 주십시오'라고 해도 할 수 없는 사람이 많다.

 그들에게 시간의 지식이 결여되고 있는 것은 아니다. 식사시간에는 테이블로 찾아온다. 그들은 언어의 형태로 표현할 수 없는 것이다.

 겔프 및 골트슈타인은 실어증으로 색깔의 이름을 말할 수 없는 환자에게 털실을 분류시켰다. 테이블 위에 빨강, 파랑, 노랑, 초록 등의 견본을 두고, 각각의 털실을 이 견본에 따라서 분류시킨다. 빨강 털실을 빨강 위에, 파랑 털실을 파랑 위에 얹게 한다. 그러나 실제로는 색이 보이는 환자인데도 잘 할 수 없다. 견본과 완전히 같은 색의 것을 골라낼 수 있고, 견본과 완전히 다른 색은, 이것은 견본과 다르다고 해서 옆으로 치워 버린다.

  그러나 견본과 정확하게 같은 것이 아니면 분류할 수 없다. 복숭아색에 가까운 빨강이라도 보통 사람은 빨강에 포함시켜 버리지만, 이 환자는 빨강이라고 하는 종류에 포함시켜 버릴 수 없다. 그런가 하면 전연 다른 색이지만 밝기 등이 같을 때는 같은 색에 포함시키거나 한다. 이것은 우리들은 '빨강'이라면 '빨강', '파랑'이라면 '파랑'이라고 하는 틀을 가지고 있고, 이 틀에 포함시켜 분류를 실시하고 있지만, 실어증 환자의 경우는 이 틀이 없어지기 때문이다.

  환자는 붉은 털실, 푸른 털실이라고 하는 외부의 것에 직접 반응할 뿐(개가 벨에 반응하듯이), 외부의 것과 자신과의 사이에 심볼(언어)이라고 하는 사회적인 틀을 포함시키고 있지 않다. 우리들은 색지를 분류할 때에는 색조나 그밖에 특수한 성질은 잘라 버리고, 견본을 '빨강'의 대표, '파랑'의 대표로 간주하고 있다. 환자는 이런 것을 할 수 없다. '빨강'이라든가 '파랑'이라든가 하는 것 같은 틀——카테고리——에 끼워 넣고 분류하는 일이 불가능하다. 그들은 우리들이 가지고 있는 틀 부여 태도(카테고리 태도 Kategoriales Verhalten——골트슈타인)를 상실하고 있다.

  환자의 사물의 견해는 구체적, 직관적이고 비교적 구체적인 문제를 풀 수 있는데도 불구하고, 추상적인 것에는 몹시 곤란을 느낀다. 어떤 오른쪽의 반신불수 환자(오른손을 움직이지 않는다)는, '나는 왼손으로 쓸 수 있다'고 하는 말을 쉽게 할 수 있는데, '나는 오른손으로 쓸 수 있다'고 하는 말은 할 수 없었다.

 이것은 왼손으로 쓸 수 있다고 하는 말은 사실이지만, 오른손으로 쓸 수 있다고 하는 말은 실제가 아니고, 비현실적인 말이기 때문이다.

 동물에게도 '개념과 비슷한 것'은 있었다. 실어증 환자도 또한 이와 같은 것을 가지고 있다. 그러나 사회로부터 주어진 틀로서의 개념은 아니다.

 나는 소위 실어증을 지성만의 장해라고 생각하고 있지 않다.

상해(傷害) 장소가 차츰 말초(末梢)에서 중추로 진행(입이나 목→말초신경→운동 중추·감각 중추→그것으로부터 떨어진 대뇌피질 부분으로 간다)됨에 따라서 점점 지성의 장해가 나타나는 것으로, 소위 실어증 중에는 완전히 언어를 발하는 도구만이 파괴되어 있는 경우(피엘 마리는 이것을 구음 장해라고 해서 지적 장해를 특색으로 하는 실어증과 구별했다)도 없는 것은 아니다. 그러나 언어는 절대 단순한 도구가 아니다. 지성이나 사고와 일체 불리(不離)의 것이다.

## 언어적(言語的) 지성(知性)

우리들의 사고와 개념은 언어와 동작에 의해 형성된 것이다. 이것은 브론델을 비롯해서 많은 심리학자가 주장해 온 생각인데, 아동심리학자 피아제도 어린이의 언어발달과 어린이의 사고와의 관계를 연구해서 같은 결론에 도달했다. 즉, 논리적 추리는 우리들이 마음 속으로 실행하는 자기 자신과의 의논이라고 하는 것이다.

미국의 행동주의 사회학자 미드의, 사고를 '내면적 회화다'라고 하는 생각이나 행동주의의 창시자 와트손의 '심리학자가 지금까지 사고라고 해온 것은 자기 자신에 대한 이야기 이외엔 아무 것도 아니다'라고 하는 말에서 우리들은 같은 견해를 발견할 것이다.

우리들은 합리적으로 추리하고 있다고 믿고 있다. 그러나 그것은 언어 덕분이다. 호흡하고 있는 것을 느끼지 못하듯이 우리들은 언어의 성질을 깨닫지 못하고, 언어 및 동작에 의해서 사회생활이 가능한 것임을 잊고 있다. 실어증으로 인하여 그 중요성을 알 수 있다.

 소위 실어증은 머리 속의 일부가 파괴되었을 때에 발생하는 실어 상태를 가리키고 있다. 그러나 위와 같은 일종의 지적 장해도 실어증의 성질이라고 한다면 뇌가 파괴된 경우에만 한해서 실어증이라고 부르지 않아도 된다. 시험 때 긴장해서 말을 할 수 없는 것도 실어증이다.

 실어증(失語症)은 머리 속의 상해가 인간의 사회성의 기초를 파괴하는 경우에 발생하지만, 반대로 사회가 몹시 혼란해서 말의 의미가 일정하지 않게 되는 것 같은 상태가 출현한다고 가정하면 사람들은 실어증과 같은 상태에 빠질 것이다. 이와 같이 해석하면 실어증의 원인은 항상 '사회와 인간', '환경과 인간'이 만드는 전체의 '장(場)'과 관계하고 있는 것이 된다.

 인간은 항상 사회로부터 언어를 강제당하고 있다. 우리들은 이 나라에 태어나서 우리말을 하고 우리글을 쓰고, 우리말로 생각한다. 만일 우리들이 언어를 사회로부터 강제당하지 않았다면 우리들의 언어는 항상 변화해서 실어증과 마찬가지로 카테고리를 가지고 처리해 나갈 수 없음에 틀림없다.

 언어적 지성(개념의 사용 등)이라고 하는 것은 사람에 따라서 상당한 차이가 있을 것이다. 어떤 사람은 실어증 환자 정도는 아니더라도 항상 뉘앙스를 잘라 버리지 못하고 카테고리에 포함시켜서 이야기를 진행할 수 없다. 나는 이와 같은 성질을 실어질(失語質)이라고 이름 붙였다. 분열병(分裂病)에 가까운 기질을 분열질(分裂質), 주울병에 가까운 기질을 조울질(躁鬱質)이라고 칭하듯이, 실어증에 가까운 성질을 실어질이라고 부른 것이다.

확실히 우리들의 마음 심층(深層)에는 내밀한 타인은 모르는, 스스로조차 뭐라고 해야 좋을지 모르는 마음이 존재한다. 그러나 이것을 표현하기 위해서 우리들은 심볼(언어 및 동작)을 사용하는 이외에 아무런 수단도 가지고 있지 않은 것이다.

사회의 각인(各人)이 서로 양해하고, 물음과 답이 잘 적합해 나가기 위해서는 우리들의 생각이 자기 자신을 떠나서 언어라고 하는 '외부'의 것이 될 것, 누구에게나 통하는 일정한 틀에 포함되는 것이 필요하다. 이것을 위해서는 언어를 사용하는 태도를 취하지 않으면 안된다.

사회로부터 분열하는 방법이 2종류 있다. 하나는 정신분열병(精神分裂病)이고, 다른 하나는 실어증이다. 만일 오케스트라에 비유한다면 정신분열병은 지휘자를 잃은 오케스트라이고, 실어증은 멤버가 몹시 피로하거나 병에 걸린 악단일 것이다. 전자는 언어적 습관을 잃지 않고 개념을 사용할 수 있지만, 통일된 사회적 인격을 가지고 있지 않다. 후자는 사회적 인격이 있지만, 사회생활에 필요한 '틀 부여 태도'를 잃어, 개념을 사용할 수 없다.

어린이는 적극적으로 타인을 모방하면서 사회의 언어를 자신의 것으로 만들지만, 처음에는 상대와의 커뮤니케이션이라고 하는 것, 자신의 생각을 타인에게 전달한다고 하는 목적을 충분히 의식하지 않는다. 피아제가 연구했듯이 타인이 말하는 것을 듣고 반복하거나 또는 타인과 이야기하고 있는 듯한 모습을 하고 있지만 혼잣말을 하고 있거나(집단적 독어) 하는 경우가 많다. 이런 비사회적 언어는 3세부터 5세까지 53%~60%, 5세부터 7세까지에서는 상당히 감소해서 44%~49%가 되고 있다(피아제).

비사회적이고 자기 중심적인 어린이의 언어는 차차 사회적 언어가 되어 상대의 질문에 적합한 보고, 상대의 비판, 명령, 질문, 응답이라고 하는 형태로 되어 간다.

쟈네는 말이 명령과 복종의 관계에서 생겼다고 주장했다. 몇 마리인가의 사냥개는 앞의 개도, 뒤에 따라가는 개도 으르렁거리면서 활약하지만, 만일 분업(分業)해서 한 마리는 으르렁거릴 뿐이고, 다른 한 마리는 사냥감을 쫓을 뿐이라고 한다면 에너지의 절약을 할 수 있을지도 모른다. 이 때 으르렁거리는 개는 명령하고, 으르렁거리지 않는 개는 복종한다. 개의 경우는 실제로 이런 관계가 성립하지 않지만, 만일 성립한다면 사회적 관계가 생기고, 명령과 복종의 관계로 언어가 생긴다고 하는 것이다.

쟈네의 생각이 옳은지 어떤지는 별도라고 해도, 말로 표현한다고 하는 것이 항상 타인에 대한 부름이며, 명령법이라는 점은 이론(異論)이 없을 것이다.

문법적으로는 무엇을 서술하는 문장(이 꽃은 붉다)과 무엇을 명령하는 문장(이것을 가지고 와라)과는 다르겠지만, '이 꽃은 붉다'라고 하는 것은 본래 '이 꽃은 붉다고 하는 사실을 알라'고 하는 말이다. 자신 혼자만의 세계에서는 '이 꽃은 붉다' 등이라고 할 필요가 없다. 타인에게 호소하는 것이 언어인 이상, 서술도 모두 명령이다.

　타인의 생각에 대하여 작용해서 자신이 원하는 것, 자신이 흥미를 가진 것으로 타인을 끌어들여 가는 것이 언어이다. 타인이 깨닫지 못한 점을 가르쳐 주며, 타인의 생각에 반대하고 이것을 자신과 같은 생각으로 만들려고 한다. 타인에게 자신의 관심사를 강요하고, 자신의 의문에 답하게 한다── 언어의 작용은 이와 같은 것이다.

　이야기하는 것도, 단정을 내리거나 부정을 하거나 하는 것도 모두 상대에 대한 태도인 것이다.

# 제2장
# 관념과 심상(心像)

### 관념 · 심상 · 지각상(知覺像)

지금 내가 다니고 있었던 고등학교의 문을 상기해 본다. 나는 현새 그것을 보고 있는 것은 아니고, 그 지각을 가지고 있지 않지만, 구체적으로, 감각적으로(즉, 보이는 것처럼) 머리에 그릴 수 있다. 이것이 심상(心像) 또는 표상(表象)이다. 따라서 심상은 생각한 것 즉, 관념에 포함시킬 수는 있지만, 관념과 같지는 않다. 우리들은 관념을 가지면서 구체적, 감각적인 상(像)을 머리 속에 가지지 못하는 경우가 있다.

그렇다면 사물이 눈 앞에 있을 때의 지각상과 사물을 생각했을 때에 생기는 심상과는 어디에 차이가 있을까?

첫째로 지각상 쪽이 확실하고 상세하다. 보통은 확실히 그대로이지만 지각으로 깨닫지 못하는 것 같은 자세한 부분이 꿈의 심상으로 나타나는 것 같은 경우도 있다.

둘째로 지각상은 자신이 멋대로 만들 수 없는 것이지만, 심상은 멋대로 머리에 떠올릴 수 있는 것이다. 눈 앞의 꽃의 지각상은 내 마음 자세에서는 변할 수 없지만, 상상이라고 하는 심상을 만드는 작용은 의지로 지배된다.

환각이 일종의 지각——사물이 없는 경우의 지각——인 것도 멋대로 머리에 떠올릴 수 있다고 하는 느낌을 수반하지 않기 때문이지만, 옛날 일을 문뜩 상기하듯이 심상에도 의지에 의하지 않는 경우가 있다.

위와 같은 지각상과 심상의 차이는 확실히 진리를 포함하고 있지만, 인간성이 발전해서 적응을 위해 양자의 구별이 생겼다는 사실을 잊어서는 안된다.

어린이나 미개인의 경우는 심상과 지각상이 구별되지 않는 경우가 많아 수면 중에 외부에 대한 적응력이 저하되면 양자의 구별이 없어져서 꿈과 같이 지각상인지 심상인지 구별할 수 없이 현상이 출현한다.

심상에는 어떤 종류가 있는가. 우리들은 지각의 종류에서 심상을 분류하여 시각(視覺) 심상, 청각(聽覺) 심상 등이라고 부른다.

사람에 따라서 특히 시각 심상을 가진 사람이 있고, 청각 심상을 가진 사람이 있기 때문에 저 사람은 시각형(視覺型)이다, 청각형(聽覺型)이라고 한다.

시각형은 항상 시각적으로 생각한다. 가장 추상적인 것조차 눈으로 보듯이 생각한다. 나 자신도 상당히 극단적인 시각형으로서 철학의 학설조차 시각적으로 생각하고, 각 정당을 생각

제2편——인간성의 발전 147

제20그림
나의 수형

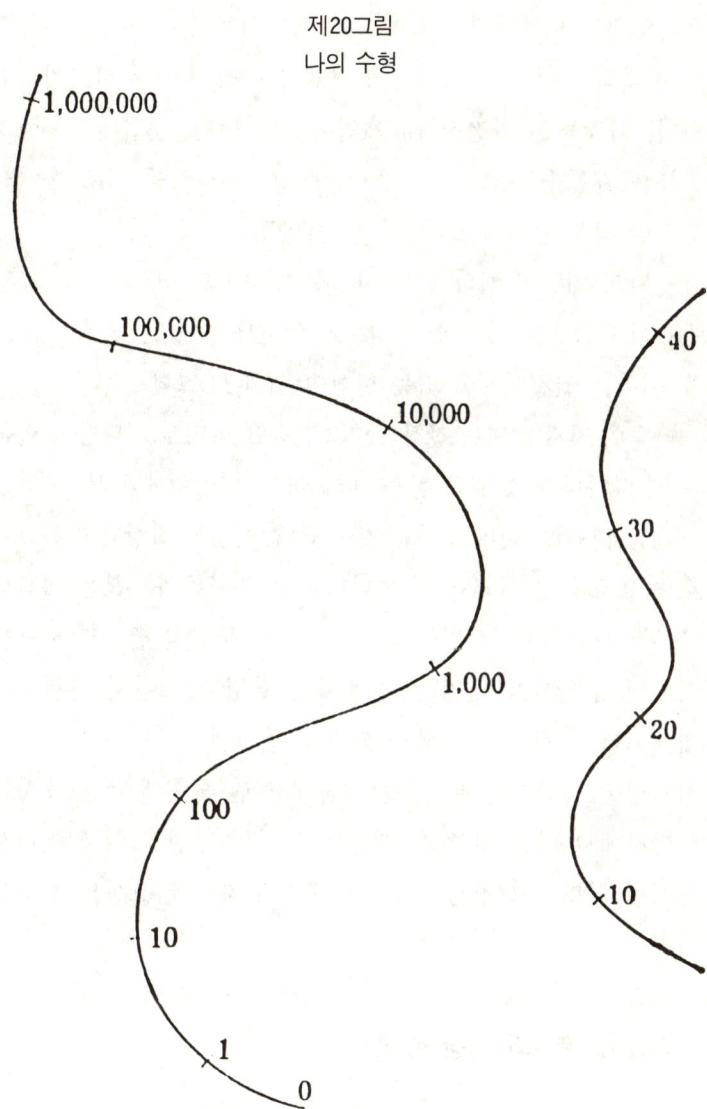

20,30……을 생각할 때는 오른쪽과 같이 가는 파형이 되고 있다

할 때에도 지 깅ㅛ, 이 깅ㅛ라고 하는 위치를 부여하고 있나. 우리역사는 오른쪽에서 왼쪽으로, 서양사는 왼쪽에서 오른쪽으로 전개되어 나가고, 사람들의 직업도 머리 속에서 위치지우고 있다. 이것들은 완전히 내 개인이 만들어낸 것인데, 동물의 종류를 계통수(系統樹)로 생각하거나 각 나라를 지도 속에서 생각할 경우는 지식으로부터 차용(借用)한 것이다.

숫자의 계열이 이와 같은 시각형인 사람의 심상에서는 개인 특유의 형태를 취하고 있는 경우가 있는데, 이것은 수 형(넘버·폼)이라고 일컬어지고 있는 현상이다 (제20 그림 ).

더욱이 지각상 또는 잔상(殘像 ; 전등을 바라보고 다음에 벽을 볼 때 나타나는 것 같은 상)과 비슷하고, 어린이에게 볼 수 있는 직관상(直觀像)이라고 하는 것이 있다. 이것은 잔상과 마찬가지로 벽으로 눈을 돌리면 벽에 나타나고(투사된다), 붉은 직관상을 황색 위에 투사시키면 회색이 되고(물감의 빨강과 노랑을 섞으면 주황색이 되지만, 빛에서는 빨강과 노랑의 혼합색은 회색이다.), 빨강과 녹색의 색지를 동시에 보인 후에 양자의 직관상이 출현했을 때 방을 어둡게 하면 황혼에 푸른 수풀이 선명하게 보이는 것 같은 현상(푸르키니에 현상)이 일어나서 녹색이 선명하고 빨강이 불명료해지기 때문에 보통의 심상은 아니다.

### 사고(思考) 와 심상(心像)

우리들은 언어에 의해 사고한다는 사실을 위에 서술했다.

제2편——인간성의 발전 149

생각하는 것은 마음 속으로 이야기하는 것이라고 말했다. 그러나 자신은 내언어(內言語)로 생각하는 것이 아닌, 시각(視覺) 심상으로 생각하는 것이다 라고 하는 사람이 있을지도 모른다.

우리들은 저 선생님의 얼굴, 저 때 피어 있었던 꽃의 시각 심상을 가질 수 있지만, '선생님이라고 하는 것', '꽃이라고 하는 것'의 심상을 가질 수 있을까? 바꿔 말하자면 추상적, 일반적인 사물의 심상을 머리에 떠올릴 수 있을까? 이와 같은 심상을 떠올릴 수 없다면 심상으로 생각하는 일은 어렵다.

바클레와 같은 명목론자(名目論者)는, '선생님이라고 하는 것', '꽃이라고 하는 것' 등이라고 하는 심상은 있을 리가 없다, 저 선생님, 이 꽃은 있지만 선생님 일반, 꽃 일반은 존재하지 않는다. 그것은 말 뿐이다. 선생님이라고 하는 말에 의해 한 사람의 선생님을 떠올리는 것 뿐이라고 주장한다.

개념론자는, 아니다. 선생님 일반도, 꽃 일반도 있다. A 라고 하는 선생님, B라고 하는 선생님, C라고 하는 선생님……. 우리들은 지금까지 선생님을 많이 보아 왔다. 이것이 겹쳐져 사진과 같이 되어 선생님 일반의 상(像)이 생긴다. 겹친 사진이기 때문에 한 사람, 한 사람의 상은 알아볼 수 없게 되어 있는 것이다라고 설명한다.

이 두 가지 사고방식의 대립은 재미있지만, 심리학자는 '심상이 없는 사고'를 문제로 삼았다. 확실히 우리들은 심상을 사용하지 않고 생각하는 경우가 있다. 그것은 언어의 형태로 정리되기 이전의 지식이 사용될 때로, 언어만으로 생각하는 경우이다.

그러나 새로운 것을 생각할 때는 수학과 같은 경우 이외는 심상이 필요하며, 언어만으로는 불충분하다. 언어와 같은 심볼은 어떤 것인가의 심볼이며, 어떤 것인가의 대용품이기 때문에 원 사물의 심상이 없다면 새로운 사고는 진행시킬 수 없다.

### 창조적(創造的) 상상

상상(想像) 즉, 상상을 이용한 사고에 의해서 우리들은 기억

제2편—인간성의 발전  151

(과거의 세계)이나 지각(눈 앞의 세계)의 한계를 극복하고, 본 적이 없는 것을 완성시키고, 미래를 만들고, 이상과 유토피아를 그릴 수 있다. 철학도, 과학적 가설도, 문학도 모두 상상에 의한 사고 덕분이다. 과거의 심상을 다시 떠올리는 것도 상상이지만, 창조적 상상이야말로 발명·발견을 낳는 것이다.

　그렇지만 상상이라고 하는 작용, 발명·발견의 동력이 되는 것은 인간이 감정이며 인간의 욕구로서, 성격적인 것이 관계한다. 클레치마가 지적했듯이 상상이나 사고의 방법은 기질에 따라서 대단한 차이가 있다.

조울질의 인간은 구체적, 직관적으로 사고하는 경향이 현저하다. 그들은 작가가 되면 현실주의적이고, 사실을 모아서 넓은 서술을 한다. 발자크나 졸라와 같은 작가 외에 많은 대중작가는 이 형태의 사고방식을 하고 있고, 다윈, 파스퇴르를 비롯해서 많은 근대 실증적 과학자들의 경우는 이와 같은 구체적, 직관적 사고가 뛰어나지만, 그들은 조울질에 속하는 기질의 소유자이다.

분열질 인간의 사고에는 몽상형(夢想型)과 합리형(合理型)이 있다.

몽상형은 헬다린 등 상상력이 강한 시인, 상징주의나 초현실주의의 작가에게 많은 것은 물론이지만, 신학자(神學者) 등에게도 볼 수 있고, 셰링과 같은 감정적 형이상학자(形而上學者)도 이 형에 속한다. 합리형은 체계적인 사고방식을 하고 추상적 사고에 뛰어나며, 논리적인 철학적 체계를 만든다. 스피노자, 칸트 뿐만 아니라, 뉴톤과 같은 학자는 모두 이 형에 속한다고 일컬어지고 있다.

# 제3장
# 의식과 의지

## 적응과 의식

　인간은 보다 환경에 잘 적응해 나가기 위해서 단지 외부의 자극에 반응할 뿐만 아니라 자기 자신의 상태에도 반응하지 않으면 안된다. 자동차는 가솔린, 엔진으로 달리지만 탱크 속의 가솔린의 상태, 엔진이 어느 정도 과열되어 있는지를 표시하는 장치를 갖추고 있다. 마찬가지로 인간이 자신의 상태를 분명히 하고 있는 것은 바람직한 일이다.
　어린이는 걷는다고 하는 행동을 학습하지만, 걸을 뿐 아니라 걸으려고 노력하고, 걷고 싶다고 생각하고, 걷기에 대해서 말하려고 할 때, 걷는다고 하는 자기 자신의 행동에 대해서 반응하지 않으면 안된다.
　우리들은 이렇게 해서 자신이 생각하거나, 느끼거나, 행동하거나 하고 있는 것을 스스로 느끼게 되는데, 이와 같은 자기

자신의 정신 상태에 대한 반응(직감;直感)을 의식 과정 또는 의식이라고 한다.

본능적 욕구를 토대로 해서 '이런 일을 하고 싶다'고 하는 의식적 욕구가 발달한다. 무의식적으로 빠져 나가고 있었던 장소를 의식할 때, 의식적인 공간 지각(空間知覺)이 출현한다. 과거의 경험을 습관적으로 반복하는 것은 의식적이 아니지만 '그 때 그 곳에서 이런 일이 있었다'고 하는 기억은 의식적이다. 원숭이는 바나나를 보고 먹을 때, '먹는 것이다'라고 하는 것을 동작만으로는 판단하고 있지만 인간이 말로 표현하는 것은 의식적인 것으로서 참의미의 판단이다.

인간의 경우는 무의식적으로 이루어지고 있는 적응이 잘 되지 않을 때에 의식이 출현한다. 피아노를 자동적으로 치고 있을 때는 이 손가락으로 이 키를 두드린다고 하는 것을 의식하지 않아도 괜찮지만, 어리둥절해 하면 '여기에서 이 키를 두드리는 것이다'라고 의식적으로 생각한다.

또한 자기 자신의 경험을 타인에게 말하지 않아도 괜찮을 때에는 의식할 필요가 없지만, 그것을 타인에게 알리는 것이 사회 생활에 적응해 나가기 위해서 필요할 경우에는 의식이 없어서는 안된다.

이와 같이 해서 인간은 적응을 위해서 의식적 활동을 대폭으로 확대해 왔다. 위에 서술한 '사고'나 그밖의 내면적인 정신 활동은 많이 의식적으로 이루어지고 있다.

인간에게 의식이 발달했다고 하는 것은 생각하거나, 느끼거나 행동하거나 하면서 자기 스스로 그것을 알고 있는 것이지만, '알고 있다'고 해도 여러 가지 정도가 있다. 매우 분명할 때도 있고, 어렴풋한 경우도 있다. 따라서 의식에는 단계가 있다고 말할 수 있다. 더욱이 많은 정신 활동이 의식적으로 이루어지는 의식 상태(이것도 '의식'이라고 일컫는다), 꿈 속과 같이 생각이 무의식적으로 진행하는 무의식 상태(이것은 '무의식'이라고 일컫는다)에 대해서는 나중에 서술하겠다.

## 대기(待機)와 의지(意志)

　의식적으로 이루어지는 정신 활동의 하나로 의지 활동이 있다. 동물도 '대기'라고 하는 활동을 한다. 개의 앞발을 금속 위에 놓고 전류를 통하면 이것을 위로 들어올려서 피한다(무조건 반사). 만일 매회 벨을 10초 간 울리고 나서 전류를 통하도록 훈련하면 벨이 울기 시작하면 발을 들어 전류를 피한다(조건 반사). 그러나 이 실험을 반복해 나가면 결국에는 벨이 울기 시작해도 발을 들지 않고, 10초 끝날 무렵이 되어서야 간신히 발을 들어 올린다. 개는 단지 자극에 대해서 직접 반응할 뿐만 아니라 어느 시간 만큼 기다린 후 행동을 시작한다. 개는 발을 들어올린다고 하는 행동의 결과 전류를 피할 수 있음을 예상하고 있는 것 같고, 또한 일찍부터 발을 들어 올리고 있으면 피로하다고 생각하고 일부러 기다리고 있는 것 같다. 그러나 개에게는 그런 예상은 없고, 그 예상에 따라서 행동을 일으킨 것도 아니다. 이 경우 개는 벨이라고 하는 소리의 신호에 대해서 어느 정도 적극적인 태도를 취하고 있지만, 발을 들어 올린다고 하는 자신의 행동과 그 결과의 관념을 머리 속에 가지고 행동을 개시한 것은 아니다.

　그러나 인간은 발을 들어 올리려고 의식하고 발을 올린다. 즉, 발을 올린다고 하는 관념을 미리 가지고 이 관념에 이끌린 행동을 취하는 경우가 많다. 이것을 의지 행동(意志行動；특히 의지적이라는 점을 강조할 때, 행동이라고 하는 대신에 행위라고 부르는 경우가 많다)이라고 한다. 동물의 행동은 자신의 행동

결과가 어떻게 될까라고 하는 생각에 의해서 이끌리지 않는다. 인간은 의지의 출현으로 환경에 대한 적응을 적극적으로 할 수 있다. 다리를 만드는 것도, 우주선을 개발하는 것도 의지 행위의 결과이다.

　장래의 일을 공상하고 있는 것만으로는 의지 행위가 아니다. 그것은 단순히 원망(願望)에 불과하다. 원망만을 품은 몽상가는 의지를 갖지 않은 인간이다.

의지가 관념에 이끌리기 위해서는 충분한 주의를 필요로 하기 때문에 심적 긴장력이 낮은 상태에서는 의지 행위가 존재하지 않는다. 피로할 때, 졸릴 때 등에 의지는 약해진다. 의지는 의식의 수준과 평행하다.

의지 행위에 있어서는 행위가 관념에 이끌리기 때문에 기계적, 충동적인 욕구에 브레이크가 걸리는 경우가 많다. 본능적, 습관적으로 행동이 시작되는 것을 멈추게 해서 예상을 할 여유를 만든다. 이 브레이크는 진짜 순간적인 것인지도 모르지만, 이것으로 행동을 일시 보류해 두고 여러 가지의 관념을 비교 검토해서 '이것은 좋다', '이것은 나쁘다', '이것은 훌륭하다', 이것은 서투르다'라고 판단할 기회를 준다. 관념에 이끌릴 뿐만 아니라 이와 같은 브레이크가 있는 경우를 의지라고 정의하는 사람도 있다.

이 브레이크를 거는 뇌의 장소는 진화상에서 나중에 발달한 대뇌피질이기 때문에 여기가 파괴되면 당연 의지 장해를 일으킨다. 매독에서 오는 진화 마비, 그밖에 뇌에 해부적 변화가 있는 정신병인 경우에 눈물을 잘 흘리고, 화를 잘 내게 되고, 도덕성을 상실하는 것은 이 예로서, 또한 정신분열병이나 그 밖의 의지 박약 상태에 있어서도 이와 같은 브레이크의 파괴를 볼 수 있다.

태어날 때부터 이 브레이크가 형성되기 어려운 사람은 어느 종류의 정신병질자(변질자)로서, 그 중에는 불끈해져서 반성도 하지 않고 행동을 하는 격정형(激情型) 및 스스로도 나쁘다고 생각하면서 부도덕한 일이나 비행(非行)에 빠지기 쉬운 의지

박약형(意志薄弱型)이 있다.

  태어난 후의 환경의 영향으로 충분히 브레이크가 형성되지 않은 때에도 같은 행동을 볼 수 있다.

  어린이가 거짓말을 하고 부모로부터 나쁜 일이라고 야단맞으면 어린이는 다음에 거짓말을 했을 때, 자신이 야단치는 사람의 입장이 되어 '거짓말을 해서는 안돼요'라고 자기 자신을 꾸짖는다. 꾸짖는 사람과 자기를 동일시해서 자신에게 브레이크를 건다. 이와 같이 해서 사회가 그 존속을 위해 만든 도덕이라고 하는 규칙이 내면화되어 의지 행위가 이루어지게 된다.

  의지는 몇 가지의 관념을 비교하고, 결정을 내려서 마음 속의 갈등(이것은 사소한 정도의 경우도 있고 심한 경우도 있다)에 종지부를 찍지 않으면 안된다. 우리들의 마음 속에는 항상 많은 경향이 충돌하고 있지만, 이 중의 하나를 선택하는 결심을 하지 않으면 안된다. 결심이 서지 않는 것은 의지의 병으로서, 그것은 정신분열병이나 우울병 외에 정신쇠약(우리나라에서는 보통 신경질이라고 불리고 있다)에서 많이 볼 수 있다. 이 환자는 생각만 하고 결정할 수 없다. 편지를 보내야 좋을지, 보내지 않는 편이 좋을지, 결혼해야 할지 해서는 안될지, 학교를 쉬고 휴양해야 좋을지 하지 않는 편이 좋을지 등을 고민한다. 소가 한 번 먹은 음식을 다시 입으로 씹어서 반추(反芻)하듯이 같은 일을 언제까지나 끙끙 생각하는 정신적 반추를 한다(결심이 서지 않아서 아무 행위도 할 수 없는 것을 무의증이라고 하는데, 이 말이 노력 결핍 또는 무위망연이라고 하는 태도와 혼동되는 경우도 있다).

의지 박약이 아닌 인간은 의시 행위를 하는 경우 단순히 이런 일을 하려고 하는 목표를 머리 속에 가질 뿐만 아니라 어떤 방법으로, 어느 정도의 시간에 어느 정도의 일을 할까라고 하는 것이 보통이다.

특히, 자신의 병이라고 하는 것을 의식하는 경우(달리기에서 100미터를 10초에 달린다고 하는 것처럼)이 정도의 일을 하자고 하는 수준을 자신의 마음 속에 그리는 이 수준을 요구 수준(要求水準)이라고 한다(호페).

좋은 학교에 입학해서 얼마만큼 덕을 보려고 생각하면 요구수준은 높아지지만 동시에 입학 시험에 낙제하면 곤란하다든가, 오히려 손해를 보는 것은 아닐까라고 생각하고 있으면 이것이 억제된다.

이 경우, 지금까지의 학교 성적이라든가 가게의 성적이라고 하는 과거의 경험이 결정적인 근거가 되는 경우가 많지만, 나중에 서술할 강기(強氣), 약기(弱氣), 승기(勝氣)라고 하는 성격 및 함께 그 행위를 하는 동료도 중요한 관계를 갖는다.

요구 수준을 정하고 행동해서 실패하면 다음에 수준을 내리고, 성공하면 올리게 된다.

# 제3편
# 인간정신의 심층

# 제1장
# 원시반응(原始反應)

## 부적응시(不適應時)의 반응

 인간은 항상 적응에 성공하는 것은 아니며, 욕구를 만족할 수 없는 것도 아니다. 정신 박약자와 같이 적응할 수 없어도 욕구 불만을 갖지 않는 경우가 있기 때문에 부적응과 욕구불만은 반드시 평행하지 않지만, 일반적으로 부적응은 욕구 불만을 초래한다.
 이와 같은 때 어떤 행동을 취할까?
 우선 사고와 의지로 이것을 해결하려고 하는 사람이 있다. 사고라고 하는 것이 그와 같은 때의 적응 수단이라는 사실은 이미 서술했다. 가정 생활이 잘 되지 않는다고 할 때 이혼을 해야 할까, 시부모와 별거해야 할까 등 많은 경우를 생각한다. 또한 의지에 따라 예상을 하고, 어느 쪽의 방법을 선택해야 할지를 결정한다.

어떤 사람이나 냉정하게 생각할 수 있는 것은 아니며, 의지적으로 선택할 수 있다고는 할 수 없다.

이 경우에서 볼 수 있는 것이 다음에 서술하는 것 같은 원시반응(原始反應)으로서, 옛날의 적응방법(우리들의 선조가 행하고 있었으리라 생각되는 것 및 어린 시절에 사용하고 있었던 적응 방법)의 재현이라고 생각되는 것이다. 손이 저려서 젓가락을 사용할 수 없게 되었을 때 음식물을 손으로 집어서 먹는 것 같은 방법이라고 생각할 수 있을 것이다.

### 지름길 반응

울짱 저쪽에 음식물을 놓아두고 길을 돌아서 가지 않으면 음식이 있는 곳에 갈 수 없도록 해 둔다. 개는 길을 돌아서 음식 있는 곳으로 가지만, 개 만큼 적응력이 없는 닭 등이 되면 길을 돌아서 갈 수 없기 때문에 장벽을 무시하고 음식물 쪽으로 돌진하려고 한다.

인간의 생활에서는 길을 돌아서 갈 필요가 요구되는 경우가 많고, 의지 행위로서 원망(願望)을 억압하고 다른 방법을 생각해서 행동하지 않으면 안되는 경우가 적지 않다.

우리들은 먹고 싶은 것이 가게 앞에 진열되어 있어도 곧 집어서 먹는 법이 없다. 사회적 장벽이 있기 때문이다. 마음 속에 먹고 싶다고 하는 욕구가 있어도 돈을 지불한다고 하는 길을 돌아서 가는 것이다.

그렇지만 욕구 불만이 있거나 감정적 쇼크를 받아서 의지가

약해지면 나중에 발달한 길을 돌아서 간다고 하는 행동의 방법이 없어지게 되어 목표를 향해서 곧바로 돌진한다.

이와 같이 목표에만 지배되어 장벽을 못 보고 길을 돌아서 가려고 하지 않는 행동을 지름길 반응 또는 지름길 행동이라고 한다.

지름길 반응은 청년기를 토대로 해서 출현하기 쉽다. 어느 소녀가 아이 돌보기를 하고 있었는데 고향에 대한 그리운 마음

올 참기 어려워서 아이를 강에 버리고 집으로 돌아왔다. 아이가 없으면 집으로 돌아갈 수 있다고 하는 생각이 머리에 출현해서 전혀 다른 일을 생각할 수 없었다. 아이의 부모에 대한 동정도 ──주인인 이 아이의 부모는 그녀에게 모질게 대한 적이 없었다── 도덕에 위배된다고 하는 생각도, 형벌에 처해진다고 하는 공포도 없었으며, 주위 사람이 어떻게 볼까라고 하는 것이나 자기 자신의 부모가 어떻게 느낄까라고 하는 생각은 전혀 없었다.

청년기의 지름길 반응은 자살의 형태를 취하는 경우도 많다. 실연했다든가 낙제했기 때문인 자살이 있고, 더욱이 담배를 피우다 선생에게 야단맞았다고 하는 것 같은 간단한 이유의 것까지 있다. 동기는 그다지 중요한 것이 아니다. 타인의 물건을 훔쳤다고 하는 혐의를 받는 것 같은 경우의 항의 자살도 적지 않다.

충동적 방화(防火)나 충동적 절도 중에는 성적(性的) 욕구와 결부된 지름길 반응이 있다. 방화로 인해 성적 흥분을 느끼는 경우, 여자의 팬티나 비로드 헝겊(이것은 성적 자극이 된다)을 가지고 다니는 사람 등이 여기에 속한다.

지름길 반응은 월경시의 여성이 만인(万引)하는 경우에도 볼 수 있고, 정신분열병이나 그밖의 정신병자에게도 출현한다.

요새에서 일하고 있던 어느 청년은 정신분열병일 무렵 아무 쓸모도 없는 기관총의 일부분을 가지고 와서 책상 속에 넣어 두었는데, 그리고 그는 단지 돌아갔을 뿐으로, 그것은 어떤 쓸모가 있는지, 금지당하고 있는지, 그 결과가 어떨까라고 하는 일은 전혀 생각하지 않았다.

지름길 반응에서는 마음의 깊은 곳의 욕구가 정신의 상층——여기에서 의지 행위가 이루어진다——을 통과하지 않고 행동으로 나타나는 것이기 때문에 납득이 가는 충분한 이유가 없는 것 같이 생각되는 경우가 적지 않다.

그러나 절대 병적(病的)인 성격을 가지고 있는 사람만이 이런 반응을 일으키는 것이 아니고, 분열병의 초기나 청춘기의 일시적인 이상 때에 한해서 볼 수 있는 것도 아니다. 위험에 당면해서 심하게 당황하여 정신의 상층이 마비되었을 때에는 누구라도 이런 반응을 보이고, 군중 심리의 경우에는 많은 사람이 집단적으로 지름길 행동을 보이기 쉽다.

### 방위 반응(防衛 反應)

동물은 곤란에 처했을 때에 발버둥치며 어쨌든 운동 폭발을 하는 것 외에 죽은 흉내를 내는 경우가 있다. 펜 끝으로 벌레를 찌르면 죽은 듯한 모습을 한다. 위사 반사(僞死反射)라고 하는 것으로서 위태(僞態)의 일종이다.

이미 서술했듯이 화가 났을 때 심장이 두근거리거나 혈압이 높아지거나 하는데, 이와 같은 반응이 너무 강하고, 또 오래 계속될 때에는 놀라서 바로 서지 못하게 되는 반응이 일어난다. 이와 같은 반응(정동 반응;情動反應)도 동물의 위사 반사와 동종(同種)의 것으로 간주할 수 있을지도 모른다. 전장에서

 대포의 탄환에 놀라는 셸 쇼크라고 하는 것도 동물의 적(敵)에 대해서 행하는 위사 반사의 흔적으로 간주할 수도 없는 것은 아니다. 그러나 지속적 반응 중에는 자신을 지키려고 하는 목적을 가지고 있다고 생각되는 것이 있다.
 소위 전쟁 신경증에는 전장에 있어서 일시적인 정동 반응도 포함되지만 전장(戰場)에서 떨어진 장소에서 발생한 신경증이 많다. 설 수 없게 된다, 걸을 수 없게 된다, 벙어리와 같이 소리

제3편——인간정신의 심층  169

가 나오지 않게 된다——더구나 신체를 진찰해도 아무 데도 나쁜 곳이 없다.

그들의 대부분은 소집되었지만, 집에는 처나 자식이 있다. 무슨 일이 있어도 돌아가고 싶다. 돌아가기 위해서는 병에 걸리면 된다. 병에 걸리고 싶다고 하는 절실한 소망이 마음 속 깊은 곳에 의식되지 않고 뿌리 깊게 뻗어 있었다. 이 소망이 병을 일으킨 것이다. 그러므로 가병(假病)이다. 그러나 진짜 가병과는 다르다. 일부러 의식적으로 병인 체하는 것이 아니기 때문이다. 전쟁 신경증 환자 중에서 귀가 들리지 않는다고 주장하는 사람은 들리고 있는데 들리지 않는 체하는 것이 아니라 실제로 들리지 않는 것이다. 처음에는 어느 정도 일부러 하는 것을 생각해도 차츰 무의식적으로 병인 체할 수 있고, 스스로도 의식하지 않게 된다. 그래서 프랑스의 학자는 이것을 반가병(demi-simulation)이라고 부른 사람이 있고, 일종의 도피로 병으로 도망쳐 들어가는 현상이라고 하기 때문에 병으로의 도피라고 하는 사람(프로이트)이 있다. 동물의 위태와 같은 현상이다.

그 외 어린이가 약함을 느끼고 강한 인간이 되려고 슈퍼맨이나 손오공의 이야기를 읽고 주인공이 된 것 같은 기분이 된다든가 아름다운 연인을 획득할 수 있는 인물의 소설을 읽고, 그 인물을 자신이라고 생각하는 동일시(同一視)라고 하는 현상도 위태이며, 자기 자신에 대한 위태일 것이다.

**맹종 · 거절 반응**

   양과 같은 사회 생활을 하고 있는 동물은 한 마리가 위험을 느끼고 달아나기 시작할 때, 다른 것이 이것을 뒤따름으로써 적응할 수 있다.
   새가 일제히 울기 시작할 때는 다른 새의 흉내를 내는 것이 아니라 같은 자극에 반응하고 있는 경우도 많지만, 사회 생활을 하고 있는 동물에게는 그밖에 맹종한다고 하는 경향이 있다.
   인간의 경우도 의지적인 적응을 할 수 없을 때에는 이것과 같은 반응이 이용된다.

어린이가 선생님의 글씨를 흉내낼 때와 같은 모방은 의식적·의지적인 것이지만 후에 서술할 자동적 모방, 공감(共感), 암시(暗示)라고 하는 것 같은 현상은 이 맹종 반응으로서, 원시적인 적응 방법의 일종이다.

맹종의 반응은 타인의 사고 방식, 느끼는 방법, 행동 방법을 절대로 받아들이지 않는 태도이다. 동물에게 먹이를 주려고 해도 처음에는 좀체 받아들이지 않는다. 처음에 뚜껑을 닫는 소라와 같이 거절하는 편이 안전하기 때문이다.

의지가 발전하면 무턱대고 타인을 따라 하는 일도 없고, 함부로 거절하는 일도 없지만 의지가 미발달한 상태에서는 맹종과 거절을 적응을 위한 수단으로서 종종, 거의 동시에 같은 인간이 이 반응의 경향을 보이는 경우도 있다. 어린이가 울부짖으며 뭐라고 해도 듣지 않는다고 하는 것은 거절의 태도이지만, 초콜렛이라도 보이면 갑자기 하라는 대로 한다. 맹종의 태도다.

그러나 이 경향은 정신적 쇼크를 받고 발달한 정신 상층이 마비되어 스스로 행동의 방법을 선택할 수 없게 된 경우에는 일반인에게도 출현한다.

따라서 의지가 약한 정신분열병(긴장형) 뿐만 아니라, 정신적 원인에 의한 반응(히스테리 반응)에서도 볼 수 있는 것이다.

# 제2장
# 원시정신(原始精神)

### 미개인 심리

의식 및 의지의 출현, 사고 및 언어 활동의 발전에 따라서 인간의 환경에 대한 적응은 현저하게 증대했지만, 위에 서술했듯이 우리들은 곤란한 사태에 쫓기면 원시 반응을 보이는 경우가 많다.

원시 반응 중에는 본능적인 행동 양식도 포함되어 있지만 원시 시대의 인간이나 미개인의 사고방식과는 비슷한 점이 있다.

미개인 심리연구에 관해서는 레뷔브류르의 연구가 유명하며, 그는 미개인 심리가 문명인 심리와 질적(質的)으로 다르다는 사실을 강조했던 것이다.

피지섬의 원시인의 경우, 사람과 사람의 그림자는 같은 것이라고 생각되어 사람의 그림자를 밟는 것은 치명적인 모욕을 주게 된다든가, 오스트리아에서는 이웃 종족(種族)의 공격으로 살해당하면 가해자가 분명한데도 불구하고 점을 쳐서 살인으로서 제3의 종족을 결정하고 이것을 공격한다고 하는 예는 미개인이, 우리가 구별하는 것을 동시(同視)한다는 사실을 보여준다.

미개인에게는 순수 지식(純粹知識)이라고 하는 것은 없고, 지식이 항상 감정과 일체를 이루고 있다. 우리들에게 있어서 '꽃'과 '꽃이 주는 아름다운 감정'은 별개의 것이지만, 미개인의 경우는 생각됨과 동시에 느껴지고 행동으로 옮겨지는 것이다.

지각작용(知覺作用)은 '사물'의 성질을 파악하는 것이고, 감정은 그 '가치 부여'라고 서술했지만, 미개인에게 있어서는 감정도 '사물'의 성질인 것이다. 어떤 사물이 둥글고 빛난다고 하는 사실을 우리들은 지각으로서 파악함과 동시에 이것에 대해서 갖고 싶다든가, 무섭다든가 하는 감정을 품지만 미개인은 이와 같은 희망이라든가 공포라고 하는 것은 이 사물이 길하든가 흉하다고 하는 힘을 가지고 있는 것이라고 믿는다.

우리들은 보거나 듣거나 한 것을 현실로 간주하지만 미개인은 지각으로 파악할 수 없는 것, 즉 신비적인 것을 현실이라고 한다. 더욱이 미개인은 우리들에게 있어서 무관계한 것 사이에 관계가 있다고 생각한다. 레뷔브류르가 '관계 설정의 법칙'이라고 부르는 것에 지배되는 것이다.

미개인도 우리들과 마찬가지로 사냥을 하고 고기를 잡아 생활하며 경작을 할 때에는 식물의 성질을 잘 관찰하고 있다.

그렇지만 두 가지 점에서 미개인 심리는 우리들의 것과 다르다.

제3편——인간정신의 심층  175

 첫째로 인간은 자연에 적응함과 동시에 사회에 적응하지 않으면 안된다. 그 때문에 미개 사회에서는 그 사회의 사람들이 같은 사고방식을 하지 않으면 안된다. 개개인이 다른 사고방식을 하고 있다면 사회는 해체되어 버리기 때문이다. 레뷔브류르가 강조한 것은 미개인의 이와 같은 측면이었다.
 둘째로 미개인의 경우는 자연에 적응하기 위한 기술이 문명인

과 같이 발달해 있지 않고 기술에 근거한 사고방식(과학적 사고방식)이 일반적으로 되어 있지 않다. 지각과 감정이 분리되지 않아 욕구가 사고방식을 지배하고, 논리적이 아니고 실증적이 아닌 것은 이 때문이다.

이와 같은 원시적인 사고방식, 느끼는 방법, 행동 방법은 미신의 형태로 현대 사회에도 잔존하고 있다. 마다가스카르의 토인은 전쟁 때만 동물의 신장(腎臟)을 먹지 않는다. 이것은 신장을 표현하는 말이 총의 탄환과 같기 때문이지만, 발음이 같은 것을 같다고 하는 것은 4는 사(死)로 통한다고 하는 이유로, 근대적 큰 병원에 4호실을 준비하지 않는 사실의 배경을 이루고 있는 것이다.

원시 정신은 우리들 중에도 존재하고 있지만 그것이 특별히 분명하게 출현하는 경우가 꿈이고, 열 등으로 의식이 흐릿해진 몽환상태(夢幻狀態)이며 또한 정신병자의 망상이나 환각의 세계이다.

이것에 대해서는 다음 장에서 자세하게 서술하기로 한다.

## 무의지(無意志)의 세계

원시 반응을 이야기했을 때, 이것은 위기에 당면해서 의지적·의식적인 사고방식으로 처리할 수 없는 사람들이 옛날의 반응 방법에 의하는 것이라고 서술했다.

그러나 의지 활동이 약화되거나 없어지거나 했을 때 우리들은 어떤 상태를 보일까?

정신병원에서 이와 같은 운동을 반복하고 있는(상동증;常同病) 환자가 있다. 우리 속의 동물과 같이 돌아다니거나 끝없이 같은 말, 동작을 반복하고 있는 사람이 있다. 무의미한 행동이다.

물론 이 경우에도 처음에는 의미가 있었을 것이다.

융은 정신병원에서 손을 비비는 운동만을 계속하고 있던 늙은 여성의 예를 들고 있다. 그녀는 오랫동안 그 병원에 입원해 있었다. 그 동안에 원장이 전임하고 의사들이 교대하고 간호사도 바뀌어 갔다. 면회하러 오는 사람은 없었고, 그녀 자신도 그 과거를 이야기하지 않았다. 그녀의 손을 비비는 운동은 그녀의 손바닥 피부를 가죽과 같이 두껍게 만들고 있었다.

그러나 어느 때, 가장 오래 전부터 있던 간호사가 있었다. '옛날에는 이 환자가 하는 운동은 좀 더 커서 마치 구두장이가 일을 하고 있을 때와 같은 모습이었다' 그리고 그 무렵 간호원들은 이 환자를 '구두장이씨'라고 별명을 붙여 부르고 있었다고 하는 것이었다.

어느 날, 이 환자가 죽어서 친척 노인이 찾아왔다. 융은 이 환자의 발병(發病) 때의 모습을 물었다. 노인은 기억을 더듬고 있었지만, 이렇게 대답했다. '아, 그래 생각났어요. 이 사람은 심한 고민이 있어서 발병했던 것이에요. 좋아하는 남자에게 버림받았죠.', '그 남자는 무엇을 하고 있던 사람입니까', '구두장이였어요.'

마음 속 깊은 곳에 있었던 응어리에 대해서는 다음의 '무의식의 세계' 장에서 다루겠지만 가령 정신적 원인이 있었다고 해도 이와 같은 자동적인 상동운동(常同運動)은 의지가 저차된 상태에서만 출현하고 의지가 활동하고 있는 경우에서는 볼 수 없다.

더욱이 의지가 약해졌을 때나 소실되었을 때에 인지되는 것으로 이미 서술한 맹종 반응의 토대를 이루고 있는 것에 '자동적 모방', '공감' 및 '암시'라고 하는 하나의 그룹이 있다.

## 모방 · 공감 · 암시

하품의 전염과 같은 자동적 모방은 본능이라고 생각되기 쉽지만, 그것이 본능이 아니라고 하는 설은 옛날부터(베인이나 살리) 주창되고 있으며, 외보도 여기에 찬성하고 있다. 많은 미국의 학자는 자동적 모방이 조건 반사로 설명할 수 있다고 하는 이유에서 모방 본능설(模倣本能說)에 반대했다.

지루하고 따분하거나, 따뜻한 방에 있거나, 전차안과 같이 단조로운 자극을 받고 있을 때 등에 우리들은 하품을 한 적이 있었다. 그리고 동시에 타인이 하품을 하는 것을 몇 번이나 본 적이 있다. 그래서 그 후 옆에 있는 사람이 하품을 하는 것을 보면 이것이 조건 자극이 되어 자동적으로 우리들의 하품을 발생시킨다. 따뜻한 공기라든가, 오랫동안의 긴장이라든가, 단조로운 자극이라든가 하품을 일으키는 것은 선천적인 무조건 반사이고, 사람이 하품을 하는 것을 보고 하품을 하는 것은 조건 반사라고 하는 것이다.

또한 손다이크는 다른 것을 모방하자 우연히 좋은 결과를

얻을 수 있을 때 모방이 학습된다고 생각했지만, 밀러 및 다라드는 이것을 실험적으로 나타냈다. 쥐를 T자형 미로에서 훈련한다. 쥐는 중앙의 통로를 지나서 오른쪽으로 돌면 음식물이 있지만, 왼쪽으로 돌면 음식물을 얻을 수 없도록 해 둔다. 쥐는 곧 오른쪽으로 돌아서 음식이 있는 곳으로 가는 방법을 학습한다. 이번에는 이 쥐 뒤에 다른 쥐를 쫓아 가게 한다. 뒤의 쥐는 앞 쥐를 모방하면 음식물이 있는 곳에 갈 수 있다고 하는 사실을 학습하는 것이다.

리보는 본능은 태어날 때부터 거의 완성되어 있는데, 모방은 '시도와 실패'를 반복한 후에 차츰 발전해 나가는 것이기 때문에 본능으로서의 특질을 가지고 있지 않다고 서술하고, 모방을 본능과 의지적 활동 중간에 두었다. 이상 서술한 사실은 이것을 뒷받침하는 설명으로서 의지적이 아닌 자동적 모방도 본능이라고는 말할 수 없다. 그렇지만 그것은 원시적인 적응 방법의 일종이다.

공감은 모방과 구별되지 않는다. 타인의 하품을 보면 하품이 나오는 것과 타인이 높은 위험한 장소에서 내려올 수 없는 것을 보고 부들부들 떠는 것과 같은 현상으로 비교적 감정적인 측면을 공감이라고 하며, 운동 방면을 모방이라고 부르는 것이다. 이것도 역시 본능이 아니고, 과거의 경험에 의해 만들어진 것이라고 하는 사람이 많다.

모방이나 공감과 비슷한 현상에 암시가 있다. 의사에게 '통증이 멈춘다'는 말을 들으면 통증이 멈춘다. 지각, 관념, 의도 등이 의지적인 사고에 의하지 않고 심볼(말, 동작)에 의해 타인에게 전달되는 현상을 암시라고 한다.

또한 자신의 관념이 타인의 말과 마찬가지로 실현되는('아프다'고 하는 관념이 아픈 감각을 불러 일으키듯이) 것이 자기 암시다.

어떤 사람들은 이것도 조건반사 또는 조건반응으로 설명한다.

어느 선생님이 교실에서 무서운 무기를 가지고 와서 '이 밸브를 열면 교실 속에 특별한 냄새의 가스가 나오는데, 이것이 교실 전체로 퍼져 나가는데 어느 정도의 시간이 걸리는지 조사해 보고 싶다'고 말하고는 냄새를 느낀 사람은 손을 들라고 했다. 선생님은 밸브를 열었다. 제1열의 손이 올라가고 다음에 2열째의 학생들의 손이 올라가고, 곧 온교실의 손이 올라가 버렸다. 그렇지만 사실 가스 따위는 나오지 않았던 것이다.

이 예는 확실히 암시의 예다. 냄새가 난다고 하는 말이 학생들에게 냄새의 감각을 실현시킨 것이다. 그러나 조건 반사에서는 다음과 같이 설명된다.

보통 냄새의 자극으로 인해서 '냄새가 난다'고 하는 반응(이 경우에는 그 대용으로 '손을 올린다'고 하는 반응)이 이루어진다. 그러나 어쩐지 '냄새가 난다'고 하는 타인의 말을 들으면서 냄새를 맡으면 전에는 냄새만으로 일어난 반사가 이 '냄새가 난다'고 하는 타인의 말으로도 일어난다고 하는 것이다.

그러나 이와 같이 모두 조건반사로 설명할 수 있는 것일까?

루마니아의 마리네스코는 흥미 있는 실험을 했다.

그는 매일 아침 같은 시각에 반드시 피험자의 도뇨(導尿)를 한다. 방광에 관을 통과시키고 소변을 받는 것이다. 그리고 나서 한 방에 가두고 체중을 측정한 후 침대에 눕혀 둔다. 반시간 후에 축음기로 멜로디를 들려 주면서 물을 두 잔 마시게 한다. 2시간 반 후에 진정시킨 채 소변을 받아 소변의 양을 비교하고 체중을 측정한다.

5일 간 이 실험을 반복한 후 제6일에 다른 조건은 완전히 똑같이 해 두었고, 멜로디를 들려 줄 뿐 물을 전혀 주지 않았

다.

그렇지만, 이 때는 두 잔의 물을 마시지 않았는데 이 물을 마시게 했을 때의 양과 거의 같은 양(500cc)의 소변을 받을 수 있었다. 또한 일반적으로 소변의 양이 적어지면 소변은 짙어지는데 절대 짙어지지 않고, 비중도 높아지지 않았으며 소변량과 평행한 현상을 볼 수 있었다(그 후에, 조건반사가 소실된 후 같은 시각에 같은 시간 간격을 두고 소변량을 검사하자,

제2일째의 소변은 150cc밖에 받을 수 없었다.).

 물을 마시게 하면 소변량은 증가한다(무조건적인 것). 물을 마시게 하면서 멜로디를 들려주면 멜로디를 듣는 것만으로도 소변의 양은 증가한다. 따라서 이것은 조건 반사다. 그렇지만 이것은 '암시'일까.

 암시란 말(심볼) 또는 관념에 의해 그 말 또는 관념과 같은 지각, 감정, 의지가 타인(또는 자기 암시의 경우는 자신)의 마음 속에 출현하는 것이다.

 '아프다'고 하는 심볼 또는 관념이 통증을 일으키지 않으면 암시가 아니다. 따라서 위의 마리네스코의 예가 '암시'라고 일컬어지기 위해서는 '소변의 분비'라고 하는 관념이 실제로 소변의 분비를 일으킬 필요가 있다. 그러나 소변의 분비를 일으킨 것은 멜로디로서, 멜로디를 물을 마시면서 들었기 때문에 멜로디를 들어 소변이 증가한 것이다.

 오늘날까지의 '암시'의 정의에 따르는 한 이 경우는 암시가 아니다. 조건 반사다. 고작 '소변이 분비될지도 모른다'고 하는 생각이 암시로 작용하여 조건 반사에 첨가된 것 뿐이다.

 위경련일 때 주사를 맞으면 통증이 멈춘다. 그러나 때로는 식염수(食鹽水)를 주사해도 통증이 멈추는 경우가 있다. 직접 주사 때문에 멈춘 것일까. 지금까지 항상 주사는 통각과 촉각과 함께(모르핀과 같은 진통제가 주어져서) 통증이 멈추었다. 따라서 따끔한 주사의 통증이 주어졌을 때, 모르핀이 없는데 통증이 멈춘 것이다——라고 한다면 조건 반사다.

 그러나 '통증'이 멈춘다고 하는 관념이 통증을 멈추게 했다면 보통의(제1신호계의) 조건 반사가 아니라 조건 반사 이론으로 설명하자면 제2신호계를 제기하지 않으면 안 된다. 그것은 암시이고, 주사의 감각과 '통증이 멈춘다고 하는 관념'이 함께 작용했다고 하면 조건반사 플러스 암시다.

말이 자극이 되는 경우 즉, '통증이 멈춰요'라고 하는 의사의 말로 통증이 멈춘 때는 단순한 음성으로서도 작용할 지도 모르지만, 무엇보다도 통증이 멈춘다고 하는 관념 또는 심볼로서 작용하고 있는 것이다.

# 제3장
# 무의식의 세계

**의식과 무의식**

 의식이란 스스로 자기 자신의 행동을 알고 있는 것인데, 정신의 많은 작용이 의식적으로 이루어지는 것이 의식 상태이고, 많은 정신의 작용이 무의식적으로 이루어지는 것이 무의식 상태이다.
 전자를 본장에서는 단순히 '의식'이라 부르고, 후자를 '무의식'이라고 칭한다.
 이런 의미의 의식은 이따금 무대에 비유된다. 무대 위에 많은 배우가 나와서 연극을 하듯이 정신활동은 의식의 무대에서 이루어진다. 그러나 무대에 나오지 않고 무대 뒤에 있는 배우도 있다. 무대의 중앙, 스포트 라이트를 강하게 받고 있는 부분이 '의식의 초점(焦點)'이라고 불리는 것, 관객의 눈에 들어오지 않는 무대의 주변과 무대 뒤는 '무의식'이다.

이와 같은 의식과 무의식은 주로 정신분석학파에 의해서 일반에게 알려지게 되었는데, 그 관계를 대해(大海)에 떠있는 빙산에 비유하는 사람이 있다. 빙산에서는 표면에 나와 있는 부분은 적고 대부분은 바다 밑에 숨겨져 있는데, 이 물 속의 부분이 무의식 또는 정신의 심층에 상당한다.

**무의식의 존재**

오랫동안 심리학은 의식을 연구하는 학문으로 생각되고 있었다. 의식이 없는 정신은 '둥근 사각'이라고 하는 것처럼 넌센스라고 생각되고 있었다. 그 후 히스테리, 최면(催眠), 이중인격, 꿈 등이 탐구됨에 따라서 '무의식'이라고 하는 것은 매우 중시해야 할 것이라고 생각되게 된 것이다.

무의식의 존재를 나타내는 일례로 플르노아에 의해서 연구된 다음의 예는 흥미 있는 것 중 하나일 것이다.

엘레누 스미트라고 하는 재능과 교양을 겸비한 젊은 여성이 있었다. 그녀는 영혼과 교통한다고 믿고 있는 사람들의 집회에 참가하면 이윽고 영매(靈媒)의 능력을 나타냈다. 그녀는 최면 상태에 들어가서 영혼과 교통했는데, 이것은 차츰 다음과 같은 긴 로맨틱한 형태의 것이 되었다.

엘레누는 현재의 생(生)을 이 세상에서 누리기 전에 두 번의 생애를 이미 보냈던 것이다.

한 번은 5백년 전, 아라비아의 추장 딸로 태어나서 이름을 시만디니라고 했다. 성장해서 인도의 왕자 시불카의 부인이 되었지만, 이 왕자는 카나라 왕국을 다스리고 기원 1401년에 찬드라기리의 요새를 건설한 사람이다. 이 이야기는 미묘한 세부까지 진상을 정확하게 지적하고 있었는데, 실로 기적적이지 않은가. 옛날에 발행된, 별로 사람에게 알려져 있지 않은 인도사에 관한 책에는 확실히 그런 장소가 있고, 또 이런 인물이 그 무렵 존재하고 있었다는 사실을 알았다. 그 뿐만이 아니다. 이 최면 상태의 자동현상 사이에는 인도의 단어나 문구가 사용되고 또한 아라비아 문자가 쓰여진 것이다. 이와 같은 엑조틱한 말은 매우 자연스럽게 엘레누의 입에서 흘러 나왔다. 스위스 부근의 처녀가 동양의 지식을 가지고 있었다고 해도 아주 조금이었을 것이다. 더구나 이렇게 유창하게 동양어를 한다고 하는 것은 참으로 신비스런 일이 아닌가. 일동은 감동을 받아 버렸다.

그녀의 제2의 탄생은 저 유명한 프랑스의 왕비, 프랑스 혁명 때 단두대의 이슬로 사라진 마리 앙트와네트였다. 역사적 사실은 적었지만 궁정 생활이 자세하게 이야기되었다. 이야기 속에는 미라보 등도 등장한다.

다음의 이야기는 지구를 떠나서 화성으로 날아간다. 매우 복잡 기묘하다. 엘레누의 입에서는 그 집회 출석자 멤버 중 한 사람인 죽은 아들의 화성 여행담, 화성의 기이한 풍속 설명이 용솟음친다. 화성인들과 이야기하는데 사용한 화성어가 입을 통해서 나온다. 이 이상한 언어 앞에 사람들은 그 경이를 새롭게 했던 것이다.

폴르노아는 엘레누가 말하는 화성어를 냉정하게 연구했다. 그것은 확실히 이 세상에 존재하지 않는 말이지만, 이것을 분석해 보면 문장의 구조 등은 유럽계의 언어다. 더구나 엘레누의 모국어인 프랑스어와 다르다. 지구상에 언어는 무수히 있는데, 화성어가 우연히 엘레누의 모국어와 다른 것은 어떻게 된 이유인가. 역시 엘레누의 창작이라고 생각해야 할 것이다. 그러나, 엘레누는 보통의 상태에서는 이런 말을 할 수 없다. 그것은 무의식의 창작이라고 할 수밖에 없다. 인도어, 카나다 왕국에 관한 수수께끼의 해결은 몹시 곤란했다. 이 사실은 상술과 같이 오래 된 책에 의해서 확인되었지만, 폴르노아가 조사한 한에서는

엘레누가 이 책을 입수했다고 하는 사실은 전혀 없었다. 그렇지만 이 지식이 얼마간의 방법으로 이 이야기를 게재하고 있는 서적에 기인하고 있다는 사실을 가리킬 수 있고, 아라비아 문자는 의미를 양해하지 않고, 그저 그 글자의 시각상을 재현한 것이라고 하는 사실을 알았다.

 정신의 심층은 위의 경우 외에 이중인격이나 꿈에도 나타나는데, 정신의 심층을 살피기 위해서 사용되는 방법이 최면이나 정신분석이다 (이 점은 졸저 「정신분석입문」에 자세하게 서술했다).

## 무의식과 기억

타이프 라이터를 할 수 있다든가 한자를 외우고 있다고 하는 기억(습관 기억)은 습관일 뿐 의식적인 것이 아니다. 손가락이 일정한 키를 기계적으로 두드리고 어떤 문자를 보고 반사적으로 읽는 것은 자동적이고 무의식적이다. 그러나 여기에서 문제로 삼고 있는 무의식 세계의 재현은 아니다.

여기에 반해서 어린 시절의 경험을 꿈에 보는 경우는 앞서 '심층 심리적 기억'이라고 하는 것으로서 무의식의 세계를 생각하지 않으면 설명할 수 없는 것이다.

꿈을 연구하고 있던 엘버드 산 드니는 벨기에 브라셀의 어느 거리의 풍경을 꿈에 보았는데, 그 인상이 매우 분명했기 때문에 수 개월 후에 일부러 브라셀까지 가 보았다. 그 거리가 정말로 있었는지 어떤지를 찾으러 갔던 것이다. 아무리 해도 그런 풍경의 거리는 없었다. 수 년 후, 우연히 독일의 프랑크프루트에 갔는데, 꿈에서 본 장소가 여기에 있음을 발견하고 매우 놀랐다. 조사해 보니 결국 어린 시절에 갔던 적이 있는 거리였던 것이다 (이것은 '기억 과잉'이라 불리는 현상이다. 졸저 「꿈」을 보라).

무의식과 기억에 대해서는 무의식적 욕구가 기억을 방해한다고 하는 프로이트가 강조한 현상을 언급하지 않으면 안된다.

싫은 사건, 불쾌한 일이라면 잊어버리고, 생각해 낼 수 없는 일은 일상생활에도 적은 것이 아니다.

정신 분석가인 프링크는 어느 날 새로운 집을 방문하고 있었다. 그 집 주인도, 부인도, 프링크도 함께 잠자코 책을 읽고 있었는데 부인이 갑자기 침묵을 깨고 이런 말을 꺼냈다. '누가 실락원을 썼는지 모르겠어. 단테였던가.' 이 부인은 실락원을 쓴 사람이 밀턴이라는 사실을 잊고「신곡」의 저자와 혼동했던 것이다. 주인이 이 점을 지적하고 나간 뒤 이 부인은 프링크에게 자신의 기분을 진찰받고 싶다고 부탁했다. 이 무렵 기분이 좋지 않아 금발의 청년을 보면 매우 싫은 기분이 든다고 하는 것이었다. 프링크는 정신분석을 시작했는데, 그 결과 그녀는 16세 때 육촌에 해당하는 금발의 청년을 사랑했던 적이 있다는 사실, 그러나 근친이고 그 사람이 훨씬 연상이기 때문에 이것을 체념한 사실이 분명해졌다. 그녀는 자신의 감정을 죽이고 그를 잊어버리려고 한다. 그리고 정말로 잊어 버렸다고 믿고 있었다. 그러나 지금의 남편과 결혼한 후에도 마음 깊은 곳에는 그에 대한 관심이 남아 있었다. 또한 스스로도 깨닫지 못하고, 이 육촌에게 자신의 마음이 기울어져서는 곤란하다고 하는 마음을 가지고 여기에 의식적으로 저항하고 있었다. 이 저항이 금발의 청년에 대한 반감이 되어 나타나고 있었던 것이다. 이 육촌은 밀턴이라고 하는 이름이었는데, 밀턴을 잊고 싶다고 하는 소원이 실락원을 쓴 밀턴도 잊게 한 것이라고 프링크는 결론을 내렸다.

## 무의식과 사고

 마음의 심층이란 어떤 것일까. 무의식의 사고는 의식적인 사고와 어떻게 다를까. 이것을 보이는 것이 꿈이다. 꿈 속에서는 자신이 생각하고 있다고 하는 것 같은 의식이 없다. 또한 시간 관념이나 공간 관념이 없고, 내용이 뿔뿔이 흩어져서 논리적인 연락이 부족하고 조리가 맞지 않는 것으로 되어 있다.
 우리들이 이야기할 때에는 제목에 얽매인다. '우리나라 사회'라고 하는 제목으로 이야기를 하는 사람은 경제 문제, 교육

문제, 법률 문제 등 여러 가지 점을 언급해 나가지만 항상 '우리 나라 사회'라고 하는 제목에서 벗어나 버리는 경우가 없다. 이와 같은 태도는 모든 일상 회화나 사고에 다소라도 수반되고 있다. 우리들의 생각, 우리들의 행동은 이와 같은 태도 즉, '결정 경향'에 따라서 방향이 설정되고 있는 것이다.

다방 등에서 친구들과 이야기를 하고 있는 경우는 강연 때와는 분위기가 다르고 우리 사회의 이야기에서 공산당의 이야기로, 공산당 이야기에서 소련 이야기로, 소련 이야기에서 워트카 이야기로 이야기가 옮아 가는데, 이런 회화조차도 상대의 이야기와 무관계한 이야기를 쉴 사이 없이 줄줄 꺼내기 때문에 뿔뿔이 흩어진 이야기가 되어 버리는 경우는 없다. 꿈에는 이와 같은 통일이 없다.

꿈은 단지 전체가 불통일일 뿐만 아니라 하나 하나의 관념이 분명하지 않다. A라고 생각하고 있으면 B였다거나 A와 B가 동일 인물로 출현하거나 한다.

'A는 A로서, A가 아닌 게 아니다'라고 하는 사고의 원리는 꿈의 세계의 것이 아니다. A가 비A인 경우가 드물지 않다.

페렌츠이는 작은 개를 목졸라 죽인 한 여성의 꿈을 분석했다. 작은 개를 죽인다고 하는 것은 그녀가 평소 생각지도 않은 일이었던 것이다.

그녀는 요리 만들기를 좋아했다. 때로는 스스로 비둘기나 닭을 목졸라 죽여서 요리하지 않으면 안되는 경우도 있었지만 이것은 매우 싫었다. 그리고 가능한 한 빠르게 목졸라 죽여 버리려고 했다. 여기까지 이야기했을 때 그녀는 꿈 속에서 닭을 죽이는 것 같은 모습으로 개를 교살한 일을 떠올렸다.

여러 가지 질문해 나가는 사이에 그녀는 여동생을 심하게 미워하고 있다는 사실을 고백했다. 이 여동생은 자신과 남편 사이에 '허물 없는 비둘기와 같이' 비집고 들어온다고 하는 것이다. 꿈을 꾸기 수 일 전에도 심한 말다툼을 한 끝에 이 여동생을 방 밖으로 밀어내고 이렇게 말했다.

"나가, 기르는 개에게 손을 물리다니 질색이다!"

페렌츠이는 이 여동생을 어떻게든 치우고 싶다고 하는 욕구가 이 꿈의 원인이라고 생각했다. 개와 여동생과 비둘기는 동일시되고 있다. 무의식적으로는 같은 것이다. 특히 이 여동생은 키가 작고 피부가 희어서 꿈 속의 작은 개와 같은 인상을 주고 있다는 것, '친숙해진 비둘기와 같이 뻔뻔스럽게 자신과 남편 사이에 비집고 끼어들어 온다'는 생각을 하고 있었다고 하는 그녀의 고백은 이 해석을 한층 확실하게 한다.

그녀는 무의식적으로 여동생의 죽음을 바라고 있었다. 보통 의식에서는 죽이고 싶다는 생각은 없고 마음 속에 그런 소원이 있다고 스스로는 깨닫지 못하고 있다. 그런 무서운 일은 도덕에 위반되기 때문이다. 그러나 마음 깊은 곳에서는 죽이고 싶은 생각을 하고 있었다. 꿈은 이 소원을 만족시켰다. 그러나 무의식 중에서조차 도덕은 완전히 억제력을 잃지 않았다. 그녀가 여동생을 죽이는 꿈을 꾸지 않고 여동생과 동일시된 작은 개를, 마찬가지로 동일시된 비둘기를 교살하듯이 죽이는 꿈을 꾼 것은 이 때문이라고 생각된다.

어쨌든 여기에서 여동생과 같은 개라고 하는 전혀 다른 사물

이 동일시되고 있다고 생각하는 것은 어렵지 않다. 의식 세계에서는 A는 비A가 아니고, 여동생은 여동생으로 '여동생이 아닌 게' 아니지만 꿈의 세계에서는 여동생과 작은 개가 같은 것이다.

이 예에서 여동생에 대한 '미움'이 말하자면 개에게 옮겨졌다고 간주할 수 있다. 이것을 감정의 전위(轉位)라고 부른다.

이것은 이 꿈을 꾼 여성만의 완전히 개인적인 경험으로서 누구나 마찬가지로 미움을 개에게 전위하는 것은 아니다. 그러나 일반적인 전위도 없는 것은 아니다. 남성 성기(性器)를 '장대', '막대기' 등이라고 하는 것은 많은 나라의 속어에서 볼 수 있기 때문에 그 국어를 이야기하고 있는 다수의 사람이 성기에 대한 감정을 장대나 막대기에 전위하는 것은 생각할 수 없는 일이 아니다. 프로이트가 상징이라고 하는 것은 이와 같은 개인적이 아닌 전위다.

꿈에서는 다른 것이 동일시되는 경우가 있다. 드라쥬는 아는 사람의 꿈을 꾸었는데 꿈 속에서 그 사람은 흑인과 백인의 혼혈아로 기묘하게도 몸이 원숭이였다. 눈을 뜨고 생각해 보니, 일전에 혼혈아를 보기 수일 전에 어린이가 재미있게 원숭이 흉내를 내고 있었던 일이 떠올랐던 것이다.

이와 같은 현상은 정신분열병 등에도 있고, 우리들에게 '누에'나 스핑크스 등의 신화를 연상시킨다. 이와 같이 '심상'과 '심상'이 동일시되는 현상을 교착(膠着)이라 하며, 교착해서 내용이 축소되는 것을 압축(壓縮)이라고 부른다. 앞의 예는 공간적 압축의 예로서, 두 가지의 사물이 동일시되어 동시에 나타나고 있는데, 시간의 압축 즉, 두 가지의 사건이 어느 사이엔가 동일시된다고 하는 압축도 있다.

무의식의 세계는 비논리적이지만, 완전히 제멋대로 연락을 하고 있는 것은 아니다. 논리적이 아닌 연락이 이루어지고 있는 것으로서, 말의 형태가 비슷하기 때문에 결부되고 또한 감정적으로 연합된다.

어느 여자 환자는 집 옆에서 목수가 '소나무 껍질을 벗긴다'

고 말하는 것을 듣고 화를 냈다. 그녀의 남편은 마쓰타로오(松太郎)라고 했는데, 소나무(松) 껍질을 벗긴다고 하는 것은 그녀가 남편의 옷을 팔아서 돈으로 바꾼다고 하는 소문을 내고 있는 것이라고 해석했다.

이런 경우들은 말의 형태가 비슷하다고 하는 이유에서 연락이 취해지는 예로(외연합——내용적 관련이 없는 연합) 꿈 속에도 상당히 많은 현상인데, 미개인의 정신에서도 볼 수 있고, 더욱이 미신이라고 하는 형태로 오늘날 우리들의 일상 생활에까지 파고 들고 있다는 사실은 이미 언급한 대로이다.

꿈 속에서는 또한 감정적으로 비슷하기 때문에 두 가지의 다른 사물이 결합되어 동일시된다는 사실이 앞서 인용한 작은 개를 교살하는 꿈에서 분명해졌을 것이다. 여동생과 작은 개는 감정적으로 같은 색채를 가지고 있었던 것이다.

이와 같은 감정적 연합은 일상 생활에도 '말 실수' 등이라고 하는 형태로 모습을 나타내는 경우가 있다. 내 아이는 4세 무렵 체리를 먹고 배탈이 나서 지독한 봉변을 당했는데 그 직후 귀신 이야기를 하고 있을 때, 그 귀신이라고 해야 할 부분을 체리라고 잘못 말했다.

감정적 연합이 이루어지는 것은 소원이나 공포를 토대로 해서 전체가 구성되어 나가는 것을 의미한다.

위에 예로 든 엘레누 스미트는 어린시절, 일반 아이에게서 볼 수 있는 것 같은 아가씨가 되고 싶다고 하는 소원을 가지고 있었음에 틀림 없고, 이 아이다운 꿈이 마음의 심층에 남아 있다가 최면 상태에서 실현되어 인도의 왕비나 마리 앙트와네트가

되었던 것은 아닐까?

꿈은 동화와 같다. 동화에서는 가난한 신데렐라가 왕후가 될 수 있고, 고양이 한 마리밖에 유산을 받지 않았던 남자도 왕이 될 수 있는 것처럼 꿈 속에서는 소원이 실현된다. 정신분열병 환자가 왕자로부터의 마중을 손꼽아 기다리고 혹은 자신은 왕의 서자라고 믿는 것도 같은 현상이다.

무의식의 세계에는 추상적인 관념이 없다. 꿈을 꾼다고 하고, 꿈을 생각한다고 말하지 않는 것은 꿈이 구체적인 상(像)으로서 전개되기 때문이다. '친절'이라고 하는 추상적 관념이 그대로 꿈에 나타나는 경우는 없다. 그것은 예를 들면, 친절하다고 생각하고 있는 아는 사람이 자신의 머리를 쓰다듬는다고 하는 광경으로서 나타날 것이다. 꿈은 꾸는 것(듣는 꿈도 있고, 움직이는 꿈도 있고, 맛보는 꿈도 있지만)이지 생각하는 것이 아니다.

어느 청년은 자신이 사랑하고 있는 여성과 결혼할까, 목사를 하고 있는 완고한 아버지의 의견을 따라 버릴까 고민하고 있었다. 잠에 빠져서 이윽고 꿈을 꾸었다. 길이 두 갈래로 갈라져 있다. 한쪽은 아버지 집으로 가는 길이고, 다른 한쪽 길은 그녀와의 수많은 추억을 가진 길로 통하고 있는 것 같다. 꿈은 그것뿐이었지만, 그 후 두 갈래의 장소는 그녀와 사랑을 속삭이던 장소라고 하는 사실을 떠올렸던 것이다.

추상적인 관념을 구체적으로 표현하는 것은 무의식 세계의 특징으로서, 정신분열병의 증상에도 추상적인 관념이 구체적인 사물로 표현되는 경우가 많다.

'오른쪽으로 가자.'하고 생각할 때 '오른쪽으로 가라'고 하는 소리가 들리고, 타인이 악담을 한다고 생각할 때 실제로 악담이 들린다. 관념이 환각이라고 하는 형태를 취한다.

브로일러의 환자는 '나는 병원에서 퇴원하고 싶다, 나는 자유를 원한다'고 할 셈으로 '나는 스위스'라고 말했다. 스위스는 자유의 국가이기 때문이다.

'받을 수 있을 것 같은 사랑을 느낀다'고 하는 표현은 오랫

동일 문학적 표현에도, 일상 생활에도 사용되어 온 것인데, 사랑을 하고 싶다고 하는 경우에 붉은 불길을 보고 화상의 환각을 갖는 환자가 존재한다고 하는(클레치마) 경우도 이해할 수 없는 것은 아니다.

## 무의식과 예술

무의식의 정신 구조는 미개인 심리와 비슷하지만, 미개인의 생각이나 그 잔존이라고 생각되는 민요 등에도 감정이 다른 이미지로 전위된 상징이나 발음이 비슷하기 때문에 연합이 이루어지고 있는 경우가 많다.

    데굴 데굴 굴러서 참깨 된장물
    차단지에 몰려서 원기 완성
    기운이 빠지면, 자 덤벼 봐
    쌀 섬의 쥐가 쌀을 먹고
    찍 찍 찍 찍
    아버지가 불러도
    어머니가 불러도
    우물 주위에서 찻잔을 깨뜨렸으니.

이것은 어린이들의 놀이 노래인데, 논리적인 관련을 찾기는 어렵다. 그러나 이와 같은 정신 상태가 마음 깊은 곳에 존재하는 이상, 우리들의 마음에 와 닿는 예술이나 시(詩)가 이와 같은

성질을 나타낸다고는 생각할 수 있을 것이다. 예술이나 시나 문학이나 익살 등의 세계에서는 무의식의 정신구조와 같은 것을 볼 수 있다. 그리고 이와 같은 것이 남아 있는 까닭에 강력함을 갖는다. 무미 건조한 논리적인 연결을 떠나서 감정을 표현하고, 추상적인 말을 버리며 구체적인 형식을 취할 수 있기 때문이다.

인생에 있어서 논리적인 생각을 빼놓을 수 없는 것이다. 오늘날의 인류에게 있어서 과학은 환경에 석응하는 가상 뛰어난 방법이 되었다. 그러나 인생이 곧 과학은 아니다. 행동은 논리가 아니다. 우리들에게 힘을 주는 것은 이따금 무의식 세계의 어두운 사고 방식이다. 예술의 창작은 견고한 논리나 명석하고 판명한 말을 혐오한다.

다다이스트로서 30년 이상 전부터 유명했던 D씨는 정신분열병에 걸린 시인이지만, 다음은 그 저서 「발광」의 권두에 게재된 서시다. 본문은 전혀 요해할 수 없지만 이 서시에는 우리들의 마음을 감동시키는 무엇이 있다.

아무 것 없어도
매화나무에는 매화나무 그림자가 있다.
검은 땅 위에는 꽃향기만 감돌고 있다.
나무 줄기에는 아직 녹지 않은 눈이
이끼와 같이 달라붙어 있다.

아무 것 없어도
태양에는 태양의 주위가 있다.
냉각된 지구의 표면에는 빈곤이 나부끼고 있다.
금망(金網)에는 고민을 견디지 못한 정어리가
불에 구워지고 있다.

아무 것 없어도
노동에는 노동의 피로가 있다.

제3편——인간정신의 심층   203

푸른 열매 속에는 핵이 있다.

견실한 생활에는 새로운 속도가 있다

　20세기의 특징적인 예술은 눈부시게 무의식의 세계로 파고들고 있는 것 같다. 제임스 죠이스나 마르셀 플루스트가 20세기를 대표한다고 하며, 헬다린이나 카프카와 같은 정신분열병자의 각품이 금세기에 있어서 문세작이 된 것이 야스퍼스를 비롯해서 '정신분열병은 현재에 얼마 간의 적응성을 갖는다'고 상상시켰을 것이다.

정신분열병자의 세계는 사회적 인간의 세계가 아니다. 그것은 철학자 윈델반트가 헬다린에 대해서 이야기했듯이 '거기에 춤을 출 수 있는 것은 이미 인간의 사상이 아니고 어디에서 와서 어디로 가는지도 알기 어려운 바람의 소리'이다. 더구나 우리들의 마음은 그것으로 인하여 감격하는 것이다.

현실파, 초현실파 이후의 현대 회화가 얼마나 정신분열병자에게 나타나는 무의식의 세계와 유사한지는 환자의 작품을 보면 분명해질 것이다(권두의 그림을 보라).

꿈에 볼 수 있는 추상적 관념의 구체화라고 하는 것은 예술에서도 빼 놓을 수 없다.

미개인이나 정신병자가 아니더라도 시의 세계, 예술의 세계는 우리들에게 중요하다. 물론 그것은 정신병자 경우와 달리 단순한 형용이며 상징적인 것이지만, 구체화함으로써 마음의 심층에 호소하는 것이다.

# 제4편
# 인간의 개성

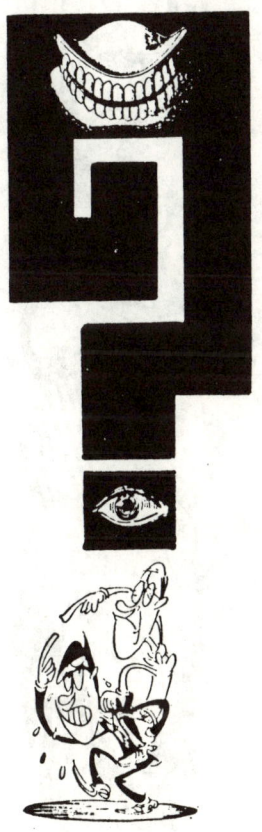

# 제1장
# 성격(性格)

### 성격이란 무엇인가

우리들은 일반적인 인간성을 다루어 왔다. 지각이나 학습의 법칙도, 감정의 분류도 모든 인간의 행동에 적합한 것이었다. 자연과학의 법칙이나 물성(物性)의 기술이 어느 장소에서나 통용되고, 언제나 도움이 되는 것과 마찬가지로 어느 인간에게나 통용되고, 항상 도움이 되는 것이었다.

그러나 우리들은 세계 속에 단 한 사람밖에 없다. 이 한 사람은 다른 어느 인간과도 다르다. 물론, 유전적 조건과 환경적 조건이 만나서 이와 같은 유일한 개인이 형성되는 것이다.

인간의 행동은 그 자리, 그 자리마다 다르다. 장례식 때와 캠프 중에서는 같지 않다. 그러나 이것을 통해서 일정한 사항을 뽑아낼 수 있다. 쾌활하다, 활발하다, 머리가 좋다고 하는 성질 (이와 같이 실제로 관찰당하는 개인의 개개의 성질을 성격특성이라고 한다)로서, 이것은 그 인간이 가지고 있는 지속적인 경향이다. 그것은 구체적인 행동(한 학급에서도 사교적이고, 이웃 교제에서도 사교적이라고 하는 것처럼)으로 나타나기 쉽지만, 반드시 구체적인 행동과는 관계가 없다. 어느 때 타인의 무례에 대해서 화를 내도 온화한 사람은 온화한 사람이고, 그 사람이 잠들어서 머리를 활동시키고 있지 않더라도 머리가 좋은 사람은 머리가 좋은 것이다.

이와 같은 개인 특유의 성질 중에서 두 가지 사실을 구별할 수 있다.

첫째는 그 개인의 적응 방법으로, 그 사람 특유의 행동 양식이다. 활발하다든가, 친절하다든가, 열심히 한다든가 하는 것이 이것으로, 감정적인 성질이다. 이것을 성격이라고 한다.

둘째는 적응의 능률(기계로 말하자면 어느 정도 만들어 낼 수 있는가라고 하는 효율에 해당한다)로, 일을 해 나가는 능력이다.

능력 중에는 어느 정도로 사물을 구별할 수 있는가, 어느 정도 소리를 들을 수 있는가라고 하는 감각적인 것, 어느 정도 반응 시간이 빠른가, 얼마만큼 쓸모가 있는가라고 하는 운동적인 것 등도 있지만, 그 중에서 '어느 정도 지적(知的) 능력이 있느냐'라고 하는 지성에 관계가 있는 것을 지능이라고 한다 (더욱이 어느 정도 할 수 있는 가능성이 있는가라고 하는 측면에서 본 능력을 성능(性能)이라고 한다).

**성격의 여러 측면**

제21그림

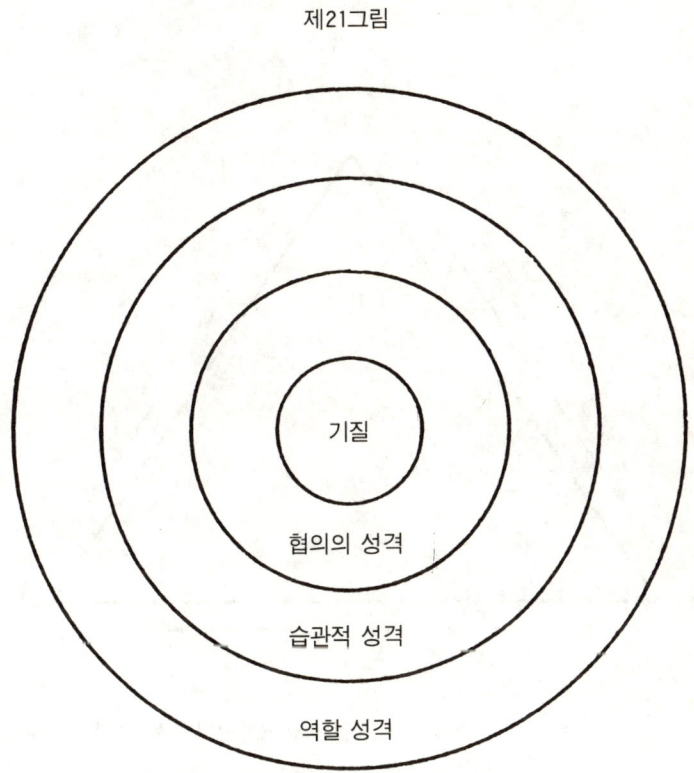

　기질(氣質)에 대해서는 이미 서술했지만, 성격은 이 선천적인 기질을 토대로 하고 있다. 기질은 성격의 중핵(中核)이라고 해도 좋다.
　나는 성격을 제21 그림과 같이 나타낼 수 있다고 생각한다 (이것에 대해서는 졸저 「성격」을 보라). 이 동심의 바깥쪽으로

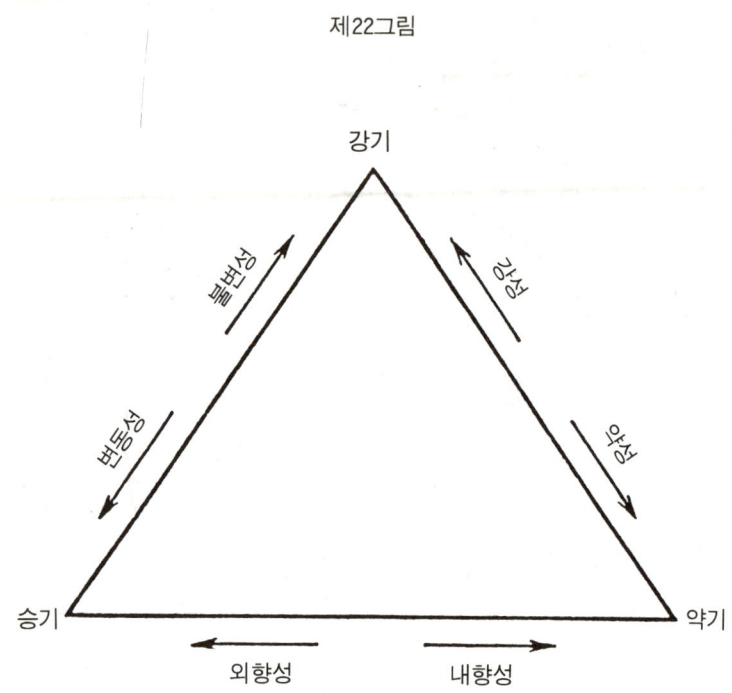

제22그림

승기 …… 외향적이고 타인에게 영향받기 쉬운 성격
약기 …… 내향적이고 열등감을 갖기 쉬운 성격
강기 …… 자아가 강해서 타인을 생각하지 않는 성격

갈수록 후천적이고, 사회적 환경의 영향으로 형성된 것으로 동시에 변화하기 쉽다.

 습관적 성격이라고 하는 것에는 개인적인 버릇과 같은 것이 있고, 우리나라 사람의 성격과 같은 것이 있으며, 또한 사회적 태도라고 일컬어지는 것(공산주의를 어떻게 생각하는가, 이혼을 어떻게 생각하는가, 전쟁에 대해서는 어떤가라고 하는 것 같은)을 포함하고 있다.

역할 성격(役割 性格)이란, 야구의 경우에 투수는 투수로서의 행동 양식을 취하고, 포수는 포수에 어울리는 행동을 취하듯이 어떤 포지션에 따른 행동 방법을 말한다. 한 사람의 여성은 아내로서의 역할, 어머니로서의 역할, 여동생으로서의 역할을 맡고 있기 때문에 역할 성격은 그 처해진 장면에 따라서 달라진다.

습관적 성격 및 역할 성격은 사회 심리학에서 다루는 것이지만, 여기에서는 좁은 의미의 성격에 대해서 서술하고 있다. 이 의미의 성격은 이미 서술한 기질과 함께 인간의 문제를 논할 때에 중요하기 때문이다.

## 승기(勝氣)·약기(弱氣)·강기(強氣)

협의의 성격을 나는 승기, 약기, 강기 세 유형으로 분류해서 이것을 제22 그림과 같이 표시하는데, 그 주요한 특징은 다음과 같다.

승기와 약기를 외향성(外向性)——내향성(內向性)으로서 대립시킨 것은 융이다. 여기에서 그 자신의 예에 따라 이 사고 방식을 검토하자.

어떤 두 사람의 청년이 시골에 소풍을 나갔다. 한 사람은 내향성 성격이고, 또 한 사람은 외향성 성격을 가지고 있었다. 두 사람은 우연히 아름다운 성을 발견했다. 두 사람 모두 성 안을 보려고 생각했다.

내향성 성격인 사람도 외향성인 사람도 성 안이 보고 싶디고 생각했지만, 외향성인 사람은 곧 안으로 달려가려고 했다. 내향성인 사람은 어딘가에 '들어가서는 안된다'고 적혀 있을지도 모른다고 생각한다. 그리고 그의 마음 깊은 곳에는 경찰이라든가 벌금이라고 하는 이미지가 떠오른다. 외향성인 사람은 말한다. '물어 보면 되잖아. 들여보내 줄거야'·그는 친절한 문지기들을 머리에 떠올린다. 멋진 모험의 꿈을 그리고 있다.

그가 낙관적이었기 때문에 두 사람은 성 안으로 들어간다. 그러나 성의 내부는 개조되어 옛날 것은 아무 것도 없고, 단지 고문서(古文書)를 수집한 작은 박물관에 불과했다.

우연히 여기에서 이런 고문서를 발견하고 내향성인 청년은 기뻐한다. 그는 사람이 변한 것 같이 되어 이것을 정신없이 본다. 그는 감격해서 문지기와 이야기를 나누며 좀 더 뭔가를 캐어 알아 내려고 했다. 그러나 그 대답에 충분히 만족하지 않았기 때문에 잘 알고 있는 사람을 찾아서 질문하러 간다. 바야흐로 대상은 그에게 있어서 매우 매력적인 것이 되고, 모두가 일변한 것이다.

이 사이에 외향성 청년의 흥미는 차츰 냉각한다. 지루해서 하품을 한다. 친절한 문지기도 없고, 재미있는 것도 없고, 단지 내부를 박물관으로 개조한 성이 있을 뿐. 고문서 따위, 이런 곳에 오지 않아도 볼 수 있을 것이라고 그는 생각한다. 친구의 열정이 강해지면 강해질수록 그의 기분은 어두워진다. 성은 죽음의 슬픔을 주고, 그의 연상은 고문서에서 도서관으로, 도서관에서 대학으로, 대학에서 지겨운 시험으로 옮아간다. 조금 전까지

그만큼 매력적이었던 성은 어두운 막이 가려 버린다. 대상은 마이너스의 힘을 갖게 된다.

내향성인 사람이 말한다. '이런 훌륭한 수집을 볼 수 있다니, 멋지구나!'

외향성인 사람이 말한다. '어두워져'. 그는 불쾌한 기분을 숨김없이 대답한다. 내향성인 청년은 화가 나 버린다. '이런 남자와는 절대로 같이 걸을까 보냐'하고 마음 속으로 생각한다. 외향성 성격의 사람은 더욱 기분이 나빠져서 '저 녀석은 역시 에고이스트다. 오늘은 이 봄의 아름다운 날을 즐기지 않고 시시한 일을 해 버렸다'고 생각한다.

이 두 사람은 성에 도착할 때까지는 사이좋게 지내고 있었다. 내향성인 사람은 행위에 반성 쪽이 앞서지만, 외향성인 사람의 경우는 행위 쪽이 반성보다 먼저였다. 그 후, 내향성인 사람은 대상에 이끌리고, 외향성인 사람은 대상에 흥미를 잃는다. 내향성인 사람은 외향이 되고, 외향성인 사람은 내향화되었지만, 이로 인하여 발생한 내향성 사람의 외향은 본래 외향성이었던 사람의 외향과는 다른 것이고, 외향성 사람의 내향도 내향성 사람의 내향과는 다르다고 융은 주장한다.

융은 인간의 성격을 내향성과 외향성으로 나누었지만, 이 예에서도 분명한 것처럼 그 때의 정황에 관계 없이 외향성은 항상 대상에 주의하고, 내향성은 반성만 하고 있는 것이 아니다. 또한 조울병이나 여기에 가까운 기질의 인간과 같이 떠들썩한 상태에서는 외향적이 되고, 우울상태에서는 내향적이 되는 인간이 있고, 정신쇠약 등에서도 항상 내향적이라고는 할 수 없다. 성격을 내향성, 외향성으로 나누어도 항상 이 사람이 내향이다, 외향이다라고 결정할 수는 없다.

'당신은 과묵합니까', '친구들이 많이 있습니까'라고 하는 것 같은 질문에 '예' 또는 '아니오'로 대답시켜서 내향, 외향을 구분하는 향성 검사라고 하는 것이 이루어지고 있다. 이것은 어느 정도 편리한 점이 있지만, 융의 성격학이 이와 같이 성격을 기계적으로 양분하는 것이라고 오해하고, 그것이 너무 단순하다고 해서 비판하고 있는 사람이 있다.

내향성은 주로 사고나 상상에 의해서 환경에 적응하고 있는 사람, 외향성은 주로 외부의 자극에 의해서 지배되기 쉽고, 사람과 이야기하거나 행동을 취하거나 해서 적응하고 있는 사람이다. 사색형, 행동형이라고 칭해도 좋을 것이다.

외향성, 내향성이라고 하는 말은, (1) 주의가 외부로 향하느냐, 안으로 향하느냐, (2) 적응이 잘 되느냐, 잘 되지 않느냐, (3) 행동적이냐, 내성적이냐, (4) 외부에 암시받기 쉬우냐, 자아가 강하냐 등의 점으로 정의되고 있지만, 이 4가지는 반드시 평행하지는 않다. 예를 들면, 내성적이라도 잘 적응할 수 있는 사람, 행동적이라도 잘 적응할 수 없는 사람이 있고, 히스테리와 같은 암시받기 쉬운 사람은 외향적이라고도 간주되고 있지만, 자기 중심적이고 이기적이다.

약기(弱氣)의 인간은 융이 말하는 내향성의 성격을 가지고 있기 때문에 위기에 당면하면 자기 자신의 세계로 도피하기 쉽다. 꿈을 가지고 공상의 세계에 살고 있다. 비현실의 나라에는 충동도 없고, 고통도 없다. 가장 아름다운 여성과 이야기하고 가장 호화로운 생활을 할 수 있다. 그들은 '눈을 뜨고 꿈을 꾸는 인간'(rêveur éveillé)이다.

'지혜가 작용하면 모가 난다. 정에 삿대질 하면 유배당한다. 고집을 관철하면 궁색하다. 어쨌든 인간 세상은 살기 어렵다' 고 해서 사람이 아닌 나라로 달아나려고 했던 한 소설의 주인공도 역시 일종의 도피를 행한 내향성 성격자일 것이다.

공상이나 독서 속으로 도피하려고 하는 사람도 있다. 상상력

을 가진 약기의 사람이 공상하면서 자기의 소원을 만족시키듯이 상상력을 갖지 않은 약기의 사람은 타인이 상상한 것을 이용해서 작중 인물과 자기를 동일시함으로써 그 소원을 만족시킨다. 비극은 눈물을 흘리게 해서 마음 속의 갈등을 해소시킨다(카타르시스).

약기(弱氣)의 인간은 특히 정신적 원인이 있을 때 느끼기 쉽고, 신경이 심하게 델리케이트하고, 신체에 대한 일이 걱정되

제4편──인간의 개성  217

고(심기증──심장이라든가 위의 상태가 어떻다든가, 귀울림이
난다든가, 머리가 무겁다든가, 잠을 잘 수 없다든가),대인관계가
걱정이 되고(저 사람에게 이렇게 말해 버렸지만 난처하다고
하는 것처럼), 자신의 책임이 걱정이 된다(저런 일을 해 버렸는
데 괜찮을까라고 하는 것처럼 ). 일이 발생하면 자신이 나쁘다고
생각하기 쉽다(내벌적 ; 內罰的). 무슨 일을 해도 불안하고 완전
히 했다고 하는 느낌이 없으며, 문단속을 해도, 편지를 써도,
타인에게 인사를 해도 완전히 할 수 있다고 하는 느낌이 수반되
지 않는다(불완전 감정). 불쾌한 생각을 마음 속으로 억압하고
잊어 버린다고 하는 것은 아니지만, 표면화할 수 없어 마음 속에
응어리를 만들어 두고 고민한다(쟈네의 정신적 반추). 항상
내성(內省)만 하고 있는 것이다.

열등감, 강박 관념(시시한 일이 머리에서 떠나지 않는다),
공포증(높은 곳, 뾰족한 깃, 세균, 얼굴이 붉어지는 것 등 하찮은
것이 무섭다) 등이 있다고 하는 상태다.

그러나 사실은 이런 성격과 함께 자만과 야심이 인지되는
경우가 많을 것이다. 이와 같은 감성의 요소 때문에 그들은 단념
할 수 없고, 그 내면의 고민을 향해서 끝없는 노력을 계속한다.
단팥죽에 소금을 넣으면 단맛이 강해지듯이 약기는 오히려
현저해진다.

약기인 인간에게 일종의 망상이 출현하는 경우가 있다.

어떤 청년은 시험에 실패한 후 시골 학교로 전교했는데,시골
학생들 뿐만 아니라 마을 사람들이 자신을 바보 취급하고 있는
것 같은 기분이 들었다. 자신의 낙제를 넌지시 빈정대고 있다고

생각했다. 또한, 어느 날 교실 칠판에 선생의 이름이 쓰여 있었는데, 이것은 자신이 자습서를 가지고 있다는 사실을 알고 있는 사람이 이것을 탐하고 있었던 것이라고 생각했다.

그는 대단히 신경질적으로 이전의 자위 행위(自慰行爲)에 대해서도 신경을 쓴 적이 있었다. 이와 같은 민감한 인간은 어떤 사건(상례에서는 낙제) 후 이 사건과 관계지어서 주위에 일어나는 일을 해석한다. 클레치마는 이와 같은 망상을 일으키는 병(반응)을 민감관계 망상이라고 불렀다.

이미 서술했듯이 약기의 인간에게는 약기의 배후에 강기(強氣)의 경향이 존재하고 있음을 잊어서는 안된다. 내향성의 마음 속에 외향성이 잠재해 있다고 융이 서술한 것을 위에 서술했지만, 약성의 성격 배후에 강성의 경향이 있어서 약기이지만 이기적이고 오만한 태도를 보이며, 도덕감과 이기주의가 공존하는 현상을 보이는 것이다.

승기(勝氣)의 인간은 외향적임과 동시에 암시받기 쉽고, 허영심이 있어서 자신을 실제 이상으로 보이려고 하는 성질을 갖는다. 그들은 연극조로 행위를 하고, 과장된 표정을 짓는다.

이 성격의 인간은 곤란한 일에 당면하면 이미 서술한 병으로의 도피를 행하기 쉽지만, 내가 집단으로의 도피라고 부르는 것도 이 성격의 사람에게서 볼 수 있다.

사회에 적응할 수 없는 소년들이 비행 소년단에 들어가서 집단을 후원자로 삼아서 거만하게 굴며, 그 허영심을 만족시키려고 하는 것이다.

승기의 사람의 마음 속에는 약기의 요소가 있어서 이것을

보완하려고 발돋움한다.

강기인 인간은 자기 본위라는 점에서 승기의 사람과 비슷한 것 같지만, 마음으로부터 자아가 강해서 발돋움이라든가 자신을 실제 이상으로 보이려고 하는 모습이 없다.

자아 비대를 특징으로 하고, 자신만만하며, 투지를 발휘하고, 곤란한 일이 있으면 자신이 나쁜 것이 아니라 타인이 나쁘다고 해석한다(외벌적；外罰的). 자신 과잉 때문에 때로는 자신은 훌륭한 발명을 했나고 하는 망상을 일으키고, 타인이 자신을 방해한다고 하는 망상을 보이는 경우도 있다. 이것이 파라노이어라고 하는 병(반응)인데, 이 병과 강기 성격의 사람의 극단적인 자만이나 시의심 사이에는 분명한 한계가 없다.

강기 인간의 특징은 자신이 있다는 점, 전투적이고 적극적이라는 점이다. 이웃 사람과의 사이에 알력이 일어났을 때, 약기인 사람은 맞은편 사람의 변명이 사실일 것이라고 물러나 버리지만, 강기의 사람은 격분해서 자기의 정당성을 주장한다. 여자가 사랑하는 남자에게 배반당했을 때 약기의 여성은 남자를 놓쳐서 부끄럽다고 느끼고, 자신이 그에게 가치가 없을 것이라고 생각하지만, 강기인 여성은 '모욕이다, 철면피다'라며 격분한다.

그러나 강기인 인간의 마음 내부에도 약한 성질이 숨겨져 있는 경우가 많다. 강기인 성격은 열등감을 보완하려고 형성된 것이라고조차 생각하는 사람이 있는 것은 이 때문이다.

기질의 장에서 이야기한 조울질의 인간에게도 강성의 경향은 있지만, 그들은 극히 자연스럽게 강성을 나타냄으로써 열등감이나 자책감이나 실패감 등과 같은 마음 속의 응어리(컴플렉스)가 없기 때문에 이상 서술한 것 같은 도를 지나친 강기를 낳지 않는 것이다.

### 성격 검사법

성격의 검사——상술(上述)과 같은 강기·승기·약기라고 하는 분류 뿐만 아니라, 습관적 성격 등을 포함한 성격의 검사

제23그림

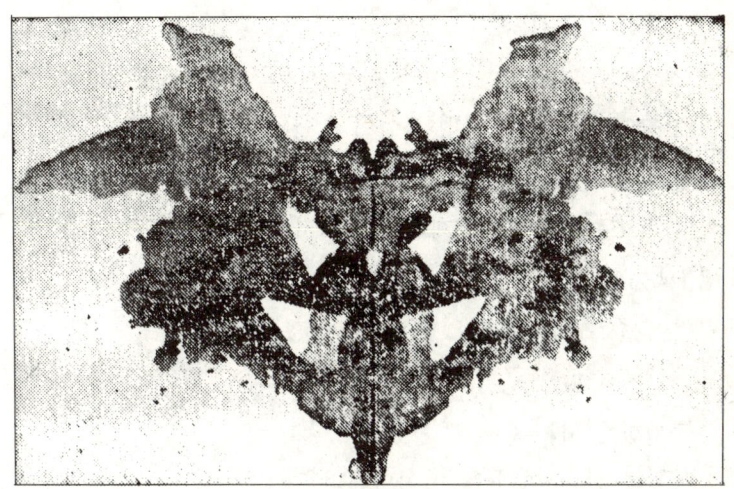

무엇으로 보이는가

──에는 얼굴을 맞대고 질문해 나가는 면접법(面接法)이 있고, 실험 심리학적 방법이 있다(색에 주의하든가, 형에 주의한다고 하는 색·형검사, 반응시간을 검사하고 있는 동안에 다른 소리를 내서 어느 정도 주의를 다른 것에 빼앗겨 반응이 늦어지는가라고 하는 전도를 조사하는 검사, 어느 범위의 사물을 주의할 수 있는가 하는 검사, 그밖에 연상검사, 필압 및 정신적 템포의 검사 등). 또한 친절이라든가 사교적이라고 하는 성격 특성을 모든 질문표를 만들어서 대답시키는 질문지법(質問紙法)도 있다(졸저「성격」중의〈성격의 진단〉에 자세하게 서술했다).

그러나 오늘날 투사법(投射法 ; 투영법)이라고 일컬어지는 것이 사용되는 경우가 많다.

이것은 그 인간이 어떤 문장을 쓰느냐, 도형이나 그림을 어떻게 해석하느냐, 어떤 연상을 하느냐라고 하는 것을 조사해서 이런 속에 그 사람의 어떤 경향이 표현되고, 투사되어 있는지를 분명히 하는 방법이다. 그것은 마음 심층의 경향이나 특징을 파악함으로써 특히 그 개인에게 특유한 사고방식, 느끼는 방법, 행동 방법의 버릇을 진단하기 위한 것으로서 다음과 같은 방법이 주로 사용되고 있다.

### 롤샤하 검사

잉크를 종이 위에 똑 떨어뜨린다. 이 종이를 반으로 접어서 펴면 좌우대칭적인 모양이 생긴다(제23 그림.) 이것을 피험자에게 보이고, '무엇으로 보이는가'하고 묻는 것이다. 박쥐라고 하는 사람도 있고, 두 명의 인간이 서로 밀고 있다고 하는 사람도 있고, 여러 가지 해석이 이루어진다. 이 해석 방법에 반영된 (투사된) 그 사람의 성격을 살피려고 하는 것이다.

카드는 전부 10장(이 10장은 이 방법을 창시한 롤샤하가 선택한 것으로 오늘날 전세계에서는 같은 것이 사용되고 있다). 5장은 백과 흑으로,5장에는 색깔이 칠해져 있다. 피험자의 해석 방법을 다음의 관점에서 본다.

(1) 잉크의 오점(汚點)을 전체적으로 파악하고 있는가(전체반응, 예를 들면 나비) 또는 이 오점의 일부에 주의하고 있는가 (부분반응, 예를 들면 가위).

(2) 색깔, 형태, 운동의 어느 쪽을 보고 있는가.

(3) 해석한 것의 내용은 무엇인가(나비라든가, 인간이라든 가).

더욱이 대답의 수가 많았는지 어떤지, 대답이 특수한 것인지, 다수의 사람이 대답하는 일반적인 것인지 등도 여기에 첨가해서 고찰한다.

전체반응, 부분반응 그밖에 추상적 지성의 인간인지, 구체적으로 사물을 생각하는 인간인지를 분명히 하고 '운동한다고 하는 해석'을 비교해서 전자에 치우치는 것은 외향성, 후자에 치우치는 것은 내향성이라고 하는 사실을 추정한다.

해석한 내용이 단도(短刀), 피, 불이라고 하는 것이라면 감성적이고 공격적인 성격을 생각할 수 있는 경우도 있다.

요컨대 이 투사법은 확실하지 않은(구조가 없는) 것을 보이고 형(形;구조)을 부여시키는 것으로, 이 해석(구조화;構造化)의 방법을 통해서 그 인간의 성격을 파악하려고 하는 방법이다.

TAT검사(Thematic Apperception Test)

투사법의 일종으로서, 미국의 말레가 생각한 것으로 TAT라고 불리는 검사가 있다. 그림을 보여 그 그림에 대한 이야기를 시키고, 그것을 생활상의 사건(테마)으로서 의미를 부여해서 설명시키고 그로 인해 성격이나 이 특징의 원인이 되고 있는 마음속의 응어리를 살피려고 한다. 주로 정신분석의 입장을 취해 그림의 선택이 이루어진 것이다.

이 검사는 (1) 이야기의 형식 특히 이상성(異常性), (2) 이야

기의 내용이라는 두 측면에 주목한다. 이야기하기를 거절하는 것, 이야기의 표현이 변화하는 것, 착각, 모순된 이야기를 하는 것, 통일성이 결여된 것, 상궤(常軌)를 이탈한 이야기 등은 이상성이지만, 이야기의 내용이 어떤 것인지, 그 주요한 테마(주제)가 무엇인가를 검토하지 않으면 안된다. 특히 이야기 주인공의 여러 경향을 분석하는 것은 중요하다. 이야기의 주요 인물은 신변소설의 경우와 같이 보통 이야기를 하는 인간을 투사한 것이기 때문이다. 주인공이 처한 환경 및 주인공과 환경의 관계가 어떤 식인가라고 하는 사항의 분석도 빼 놓을 수 없다.

### 연상어(連想語) 검사

융은 연상에 의해서 마음의 깊은 곳을 알려고 했다. 꽃, 나무, 바다 등이라고 하는 말을 주고 뭐든 좋으니까 머리에 떠오르는 말을 얘기하게 한다. 제시하는 말의 리스트는 정해져 있어서 항상 사용할 수 있게 되어 있다.

융은 (1) 보통인 및 환자에게 이 검사를 실시해서 그 여러 가지 대답을 분류하고, (2) 컴플렉스(마음 속의 갈등)를 발견할 수 있도록 컴플렉스가 어떤 표현 방법을 취하는가를 밝혔다. 그에 따르면 컴플렉스가 존재할 때에는,

(1) 반응시간(예를 들면, '꽃'이라고 하면 '아름답다'고 대답할 때까지의 시간)이 연장된다.

(2) 보통 볼 수 없는 반응어(反應語)가 출현한다(예를 들면 꽃→입술).

(3) 부주의 상태가 보인다(예를 들면 멍하니 있다 ).

(4) 반응하지 않는다(20초 지나도 반응어를 말하지 않는다).

(5) 감정적 불안이 지속된다.

(6) 말을 착각한다.

(7) 처음 말(자극어)을 앵무새처럼 되뇌인다.

(8) 신체적 표정이 있다(웃거나 발을 짓밟거나).

(9) 두 번째의 테스트 때, 같은 말에 대해서는 반응하지 않는다 등의 징후가 있는데, 다시,

(10) 자극어에 대해서 놀라거나

(11) 표면적인 연상(외연합；外連合)이 있는 경우를 첨가하는 사람이 있다.

컴플렉스의 발견 외에 연상이 대비적인가(아름답다→보기 흉하다), 유사연상(類似連想)인가(꽃→풀) 등, 여러 가지 점을 고찰해서 사고의 형식이나 흥미의 방향을 찾아낼 수 있다.

이상과 같은 투사법에는 지능검사 등과 달리 정답, 오답이라고 하는 것이 없다. 어떤 답이나 그 인간의 정신의 반영이다. 따라서 지능검사의 경우와 같은 의미로 일반적 표준(평균적 성적)이라고 하는 것이 존재하지 않음을 주의해야 할 것이다. (다음에 서술할 지능검사 등과 같이 일반적인 기준을 만드는 표준화 검사에 익숙해져 있는 사람 중에서 이 점을 오해하고 있는 사람이 적지 않다).

# 제2장
# 지능(知能)

## 지능과 그 단계

 지성에 의한 적응에 대해서는 이미 이야기했지만, 같은 적응을 할 수 있기 위해서는 첫째, 목적을 잃어서는 안 된다. 꿈과 같이 차례차례 생각이 옮아갈 때에는 적응을 할 수 없다.
 둘째로 땅에 구멍을 파는데는 스콥을 사용하고, 나무에 구멍을 뚫는데는 송곳을 사용한다고 하는 것처럼 목적에 적합한 수단을 취하지 않으면 안 된다.
 셋째로 문제를 풀고 있는 도중에 '이것으로는 안된다', '이것이라면 좋다'고 하는 자기 비판의 능력을 필요로 한다.
 지능이란 무엇인가라고 하는 것을 정의하기는 어렵지만, 지능검사를 만들었을 때, 비네는 위와 같은 점을 염두에 두고 있었다. 비네가 지능이란, 내가 만든 테스트(지능 검사)를 측정한 것이라고 했을 때의 지능에는 이와 같은 조건이 포함되어 있었

다고 말할 수 있으리라.

## 지능 검사

　지능 검사에는 지능 발달의 정도를 보는 검사와 지능의 성질을 비교하는(기억이 어느 정도 좋은가, 추리는 어떤가라고 하는 것 같은) 검사가 있는데, 전자 중 가장 일반적인 것은 비네·시몬 검사다.

　1905년, 프랑스의 심리학자 비네는 문교부의 의뢰로 학교를 계속 다닐 수 있는 어린이와 도저히 따라 갈 수 없는 어린이를 감별하는 규준을 만들게 되었다. 그는 시몬의 협력을 얻어,

　(1) 기억, 판단, 상상 그밖의 소위 지능을 필요로 하고, (2) 후천적으로 얻은 지식을 가능한 한 이용하지 않고, (3) 엄밀하게 같은 조건에서 반복할 수 있고, (4) 피험자가 할 수 있는지 어떤지는 별도로 하고, 항상 분명한 결과를 낼 수 있는 것 같은 검사를 만든 것이다.

　이 테스트는 오늘날 세계 각국에서 그 나라에 맞도록 변경되어 사용되고 있다.

　이 검사는 지능의 정도를 일반적, 평균적인 지능의 발달과 비교해서 지능 연령을 결정하는 것으로서, 예를 들면 지능이 5세 아동의 평균과 같은 정도일 때, 지능 연령은 5세라고 하며, 10세 2개월에 상당할 때 10세 2개월의 지능 연령을 갖는다고 하는 것이다.

　따라서 각 연령마다 평균적인 어린이가 할 수 있는(어린이의 75%가 할 수 있다) 문제가 만들어져 있다. 예를 들면 만3세 아동은 '당신의 코는 어느 것? 눈은 어디? 귀는?'라고 하는 질문에 대해서 자신의 코, 눈, 귀를 가리킬 수 있고, 자신의 성(姓)을 질문받고 대답하는 학습이 가능하다. 만4세의 아동은 선의 장단(長短)을 비교해서 그 어느 쪽이 길까를 답하고, '졸릴 때에는 어떻게 하면 좋을까', '추울 때는 어떻게 하면 좋을까' 등의 문제에 해답할 수 있고, 5세가 되면 '4·7·3·9'라고 하는 것 같은

4숫자를 듣고, 이것을 반복해서 말할 수 있고, 오른손에 다섯 손가락이 있음을 헤아리지 않고 말할 수 있다. 위와 같은 문제를 만5세의 아동에게 시켜서 그 결과가 만4세의 아동과 같은 정도라면 지능연령은 4세, 지능은 평균보다 1년 정도 뒤떨어지고 있는 것이 된다.

평균 지능을 가진 10세의 어린이라도 반드시 10세의 검사 전부에 합격하는 것은 아니다. 개개인의 능력은 가지각색으로서 그 어린이가 성공할 수 있는 문제와 그렇지 않은 문제가 있다. 그래서 비네·시몬 검사에서는 이 점을 생각하고, 이 어린이가 10세의 문제 중 한 문제에 실패해도 11세의 문제 중에 할 수 있는 것이 있을 경우, 이것으로 보충해도 좋도록 하고 있다.

지능 연령으로 지능을 측정하면 실제 연령보다 몇 세 지능이 뒤떨어져 있다든가, 몇 세 앞서 있는지를 곧 알 수 있다.

그러나 한편 적합치 못한 점도 없는 것은 아니다. 5세 아동의 지능이 2년 뒤떨어져서 지능 연령이 3세인 경우와, 12세의 아동이 10세의 지능 연령을 보이는 경우는 마찬가지로 2년 뒤떨어져 있지만, 그 의미는 같지 않다. 전자 쪽이 뒤떨어진 정도가 심한 것이다. 지능 연령에서는 이와 같은 정도를 표시할 수 없다. 또한 5세 아동으로 지능 연령이 3세인 어린이가 10세가 되어 지능 연령이 7세가 되었을 때, 뒤떨어져 있는 정도는 심해진 것일까 가벼워진 것일까. 지능 연령으로는 이것을 알 수 없다.

두 가지 양의 비교는 단지 '차이'에 의해 할 뿐만 아니라 '비(比)'에 의해서 나타낼 수 있다. 이 나무의 높이는 저 나무의 높이보다 1미터 낮다고 하는 비교 외에 이 나무는 저 나무의

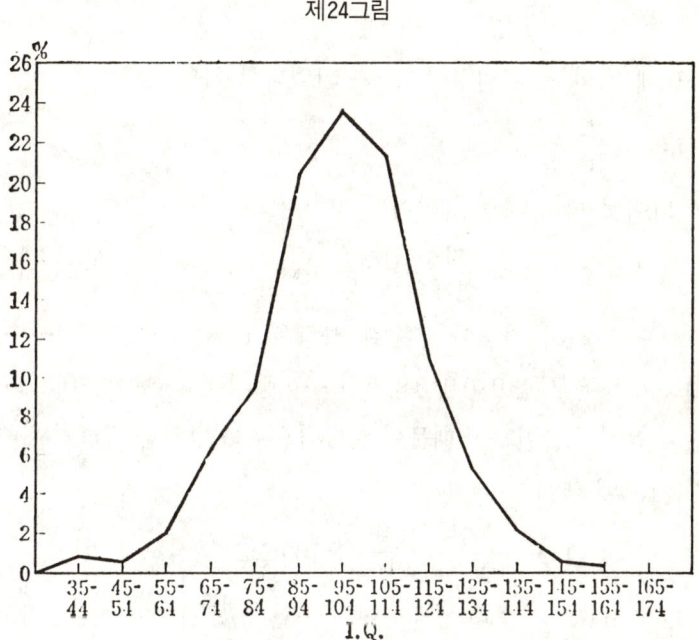

제24그림

2세부터 18세까지의 2904인에 대해서
측정한 지능지수(I.Q.)의 분포
(타만, 그 외)

1배 반의 높이를 갖는다고 하는 비교도 가능하다. 슈테른은 비에 의한 지능의 비교를 제창하고, 지능 연령을 진짜 연령으로 나눈 것을 지능지수(Intelligenzquotient, 줄여서 I.Q.)라고 불렀다.

$$지능지수(I.Q.) \frac{지능연령}{실제의\ 연령}$$

따라서 5세 때의 지능 연령이 3세라면,

$$I.Q. = \frac{3}{5} = 0.6$$

10세 때의 지능 연령이 7세가 되었다고 하면,

$$I.Q. = \frac{7}{10} = 0.7$$

이 되어 상당히 지능이 좋아진 것이다.

이와 같이 $I.Q. = \frac{지능\ 연령}{실제의\ 연령}$ 이라고 하면 지능지수는 1을 중심으로 해서 지능이 우수한 사람은 1·1, 1·2, 1·3……. 지능이 낮은 사람은 0.9, 0.8, 0.7…… 등의 값을 보이는데, 소수점이 있어서 불편하기 때문에 일반적으로는 이것을 피하기 위해서, 100배 해서

$$I.Q. = \frac{지능\ 연령}{실제의\ 연령} \times 100$$으로 표시하고 있다.

I.Q=100은 지능과 실제 연령이 동일하고, 지능이 정상이라고 하는 사실을 의미하고, I.Q〉100은 지능 연령 쪽이 실제의 연령보다 높고 지능이 우수하다는 사실을 가리키고, I.Q〈100은 지능이 정상 이하라고 하는 사실을 나타낸다.

다음 표 및 앞 그림과 같이 지능지수 90-110은 60%를 가리키고, 그것보다 우수한 사람도 열등한 사람도 차츰 적어지고 있다 (타만).

| 지능지수 | 백분율 |
| --- | --- |
| 140이상 | 0.25%(천재적) |
| 140-120 | 6.75%(최우수) |

120—110                13.00%(우수)
110—90                 60.00%(보통)
90—80                  13.00%(열등)
80—70                  6.00%(약간 저능)
70이하                  1.00%(정신박약)

　비네·시몬 검사에는 '아름다운가, 보기 흉한가'를 판정시키는 것 같은 협의(協議)의 지능 이외의 것도 포함시키고 있는데, 오히려 이와 같이 넓게 문제를 선택하는 편이 발달의 정도를 결정하는데는 적당하다.

　데크돌은 한편 평소 잘 알고 있는 14명의 아동을 머리가 좋은 정도에 따라서 순위를 매기고, 다른 한편 이런 아동에게 비교, 계산, 그림의 서술…… 등 15가지 검사를 해서 양자에 관계가 있는지 어떤지를 비교했다. 각 검사의 결과는 일상 생활의 지능과는 완전한 상관(양자의 관계를 상관계수로 측정하는데 이 값이 1.0일 때 완전한 상관이 있다)이 나타나지 않았지만(0.51에서 0.87 사이의 상관), 15종류의 검사 성적을 합쳐서 평균한 결과는 일상 생활을 통해서 판정한 결과와 거의 완전한 상관(상관 계수 0.991)이 인정되었다.

　발달 검사는 8세, 9세, 10세로 연령이 진행됨에 따라서 성적이 좋아지는 검사가 아니면 안되지만, 여기에 반해서 지능의 질을 생각한 검사(예를 들면 추리 검사 등)는 연령과 무관계하게 즉, 8세라도, 9세라도, 10세라도 같은 평균점을 취하는 것이 아니면 안될 것이다. 그러나 이것은 이상이고, 실제는 이와 같은 검사도 발달에 의해 지배된다.

성인용의 지능 검사도 비네 검사와 비슷한 문제를 사용하는데, 어느 정도 지능의 질(質)을 생각하고, 작업 검사(도구를 사용하는 능력의 검사)와 언어 검사 두 가지 부문에 관해서 각각의 기준을 만들고 있는 웩슬러·베르뷰 검사(줄여서 WB, 어린이용의 것은 WISC)가 있다.

직업에 따라서 필요한 지능의 정도는 다르기 때문에 직업 지도 등에서 지능 검사는 빼 놓을 수 없는 것이 되고 있다.

### 유전과 환경

성격의 토대가 되고 있는 기질에도, 지능에도 유전이 관계하고 있음은 물론이다.

어느 정도로 유전이 영향을 미치고 있는가, 환경의 힘이 작용하고 있는가라고 하는 점을 연구하기 위해서 부모의 성질과 자식의 성질을 비교하여 양자의 관계(상관)를 살펴보는 것은 하나의 방법이다. 그러나 친자의 성질이 매우 비슷하다고 해도 (상관이 높아도) 그것으로 유전적이라고 결론을 내릴 수는 없다. 방종한 부모의 자식이 방종한 것은 이런 부모 밑에서 성장했기 때문이라고 하는 경우도 있을 것이다.

쌍동이(쌍생아)를 이용한 방법은 이 문제 해결에 가장 유효하다. 쌍동이 중 일란성 쌍동이는 같은 유전적 성질을 갖는다고 생각되며, 이란성 쌍동이는 함께 태어난 형제이기 때문에, 일란성 쌍동이의 경우와 이란성 쌍동이의 경우를 비교해서 전자에 두드러지는 것은 유전적으로 간주된다.

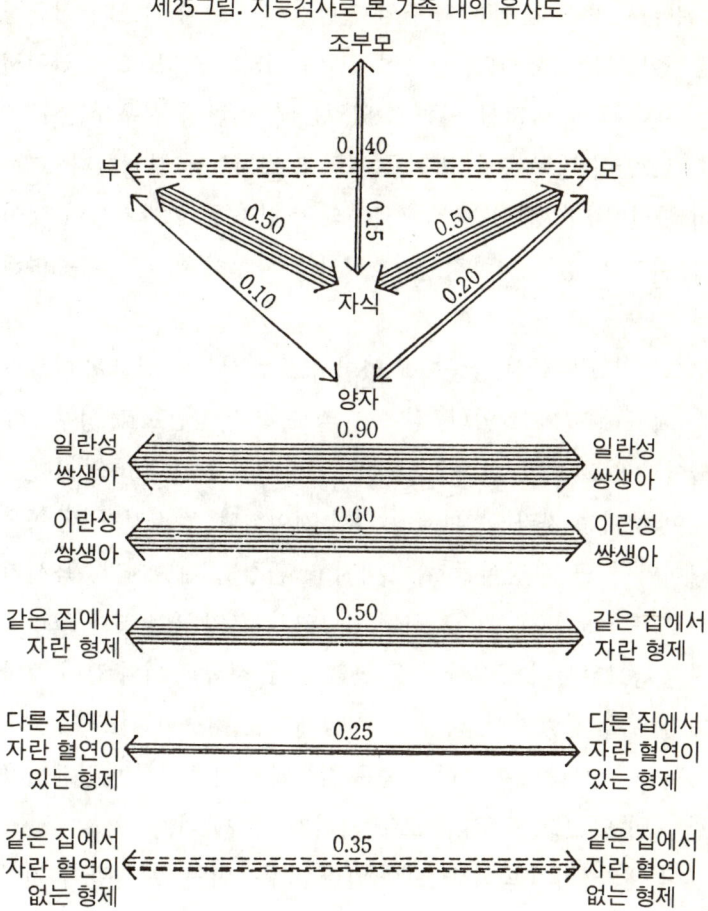

제25그림. 지능검사로 본 가족 내의 유사도

선의 폭은 유사의 크기를 가리킨다.
숫자는 상관계수로 완전히 상관이 있으면 1.0이 될 것이다.
실선은 혈연관계 있는 경우, 파선은 없는 경우.
부부의 지능지수는 의외로 유사하지만 이것은 지능 정도가 가까운 사람이 결혼하는 경우가 많기 때문일 것이다. 혈연이 없어도 같은 집에서 자라면 다른 집에서 자란 혈연이 있는 형제보다도 유사해지는 것은 가정환경의 영향을 가리킨다.

랑게는 범죄를 범한 13조의 일란성 쌍동이와 17조의 이란성 쌍동이를 비교했지만, 일란성 경우는 13조 중 10조에 있어서 두 사람 함께 범죄를 범하고 있었는데, 이란성 경우에는 17조 중 2조만이 양쪽 모두 범죄를 범하고 있다는데 불과했다. 그는 이 사실에 기인해서 '숙명으로서의 범죄자'를 이야기했던 것이다. 유전의 영향을 부정할 수 없다는 사실이 이것으로 증명된다.

그렇지만 일란성 쌍동이에 있어서도 두 사람이 심하게 다르다는 예도 보고되고 있다. 한쪽은 절도, 전과 4범으로 형무소에 들어가 있고 다른 한쪽은 행복한 가정생활을 보내고 있었다.

이 차이는 자라 온 환경에 의한 것이었다. 범죄자가 된 쪽은 태어나서 곧 수양아들로 보내지고 환경도 나빴지만, 목사가 된 쪽은 친모 밑에서 소중하게 자랐고, 친모가 죽은 후에 크리스챤의 양모로부터 좋은 교육을 받았다. 두 사람은 이와 같이 정반대의 길을 걸었지만, 사실 두 사람에게는 비슷한 점도 있었다. 목사가 된 사람도 어머니가 죽은 직후에는 가출해서 방랑생활을 한 적이 있었고, 두 사람 모두 의지가 박약했다.

이 예의 '의지 박약'과 같이 일란성 쌍동이인 두 사람이 거의 비슷하다고 하는 성질은 '보다 유전적'이고, '절도를 한다'고 하는 비슷하지 않은 성질은 '보다 환경적'이라고 할 수 있는 것 같지만, 일반적으로는 유전과 환경의 영향이 서로 관계하고 있다. 유전적 요소가 있기 때문에 환경이 영향력을 가지고, 환경적 요소가 있기 때문에 유전도 싹이 돋는다. 유전+환경이라고 하기 보다도 유전×환경이라고 해야 한다고 일컬어지는 것은 이 때문이다.
 지능에 대한 유전과 환경의 관계에 대해서는 성격보다 훨씬 많은 연구가 이루어지고 특히 유전적 조건에 지배되는 사실이 인정되고 있다. 친자식과 친부모의 지능에는 관계가 있어 부모의 지능지수가 높다면 자식의 지능지수도 높고, 부모가 낮으면 아이도 낮다(상관 계수가 0.50). 여기에 반해서 양자로 맡겨진 자식(태어나서 6개월 이전에 맡겨진 아이만을 고른다)의 지능지수를 측정해서 이것과 양부모를 비교하면 거의 관계가 있다(상관 계수 0.10-0.20).
 쌍둥이에 있어서 일란성 경우에는 이란성 경우보다도 일치도가 높지만(상관 계수 0.90), 이란성의 경우는 형제끼리일 때(상관 계수 0.50) 보다도 조금 높지만(상관 계수 0.60) 그다지 현저한 차이는 없다(뉴먼 그 외).
 유전에 지배되는 경우가 많고, 환경의 영향을 받는 경우가 적다는 것은 일생 동안 변화가 적다는 것으로 오랫동안 지능지수라고 하는 것은 변하지 않는다고 생각되고 있었던 것은 당연할 것이다.
 그러나 시카고나 아이오와에서의 연구에 따르면 환경이 변하면 지능 지수는 변화하는 것으로 환경의 변화가 특별히 현저할 때에는 30, 40 혹은 그 이상에까지 미치는 변화가 있는 경우조차 있다. 그렇지만 보통은 5부터 10정도까지의 변화밖에 없고, 지능지수가 60인 박약아와 180인 천재아의 차이의 원인은 유전적일 것이다.
 뉴먼, 플리먼 및 홀딩거는 따로따로 성장한 19조의 쌍둥이를 이용해서 연구했는데 산수를 어느 정도 할 수 있느냐라고 하는 것 같은 '어치브먼트'와 '성격'에서는 상당히 두 사람이 달랐다. 그러나 키 크기의 차이 등은 2센티 이하이고, 지능지수는 8의 차이가 있었을 뿐이다. 이로 인하여 지능은 선천적인 것이라고 해도 좋을 것이다.

그렇지만, 가능한 한 경험이 포함되지 않은 듯한 선택법을 취하고 있는 지능 검사의 문제에도 사회적 조건이 잠입해 온다 (예를 들면, 공원이 나오는 문제는 이것을 본 적이 없는 변두리의 어린이에게는 어렵다). 하물며 일상의 지적 생활에 있어서는 사회적으로 형성되는 부분이 크고, 때로는 실용적 지능(플래그머틱 인테리전스)과 지능 검사로 판정된 지능(테스트·인테리전스) 사이에도 상당한 차이를 볼 수 있고, 지능 연령 9세인 어른 정신박약자는 평균적인 지능을 가진 9세의 어린이 보다도 훨씬 뛰어난 지적 활동을 할 수 있다. 소위 연공(年功)이다.

# 제5편
# 사회적 인간

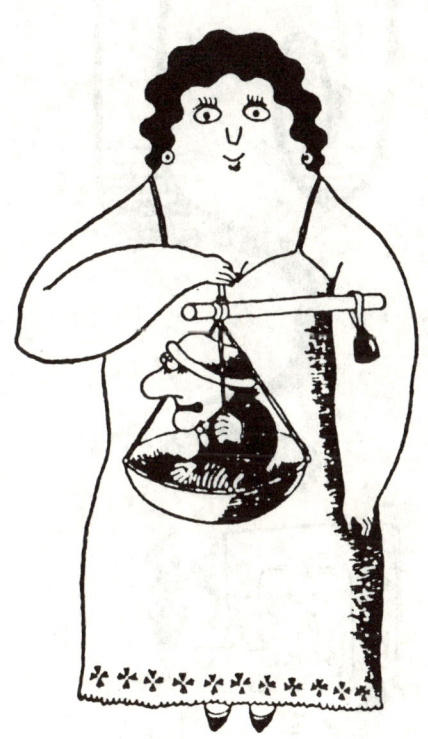

# 제1장
# 인간성(人間性)의 사회화(社會化)

**집단심(集團心)**

우리들은 인간성을 이야기해 왔는데, 항상 그것이 사회 속에서 길러진다는 사실을 잊지 않았다. 사고도, 기억도, 감정이나 충동조차도 사회화된다는 사실을 서술해 왔다.

그러나 우리들은 사회심(社會心), 문화, 인간과 인간의 상호 관계, 세론(世論), 선전이라고 하는 문제는 언급한 적이 적었다. 여기에서 다루는 것은 이와 같은 사회심리학적 문제이다.

집단심 등이라고 하는 특별한 것이 있을까?

개인 정신은 확실히 있지만, 집단심 등이라고 하는 것은 없다고 생각하는 사람(F·올포트, 마키봐, 킨즈버그 등)들이 있다. 올포트는 개인을 떠나서 사회심이 있다고 생각하는 입장을 '집단심의 오류(group mind fallacy)라고 해서, 개인 심리학에 대립하는 사회심리학 등이라고 하는 것은 없고, 사회심리학은 개인심리학의 일부로 사회적 환경에서의 개인 행동을 연구하는 것이라고 주장했다. 그러나 현대에 있어서 이 생각의 선구자는 타르드일 것이다. 타르드에게 있어서는 개인 정신으로부터 독립한 집단심의 생각은 프란트적 신화나 스콜라적 레어리듬으로 돌아갈 수밖에 없는 것이었다.

타르드는 사회라고 하는 것은 개인이 개인을 모방하는 것이라고 주장했다. 먹는다, 외친다, 걷는다 등 본능적인 행동 양식을 사회적이라고는 말할 수 없지만 우리들이 젓가락을 사용해서 먹고 소리지르고 걷는 것 등은 모두 사회적이다. 타인의 흉내를 내고 몸에 익히는 것이기 때문이다. 개인이 일시적으로 사회를 떠나서 발명을 한 적은 있어도 그것이 모방되지 않는 한 그것은 없는 것과 마찬가지다.

'사회는 모방이다'라고 타르드는 반복해서 서술하고 있다.

여기에 대립하는 생각은, 사회를 몸에도 비유할 수 있는 유기적인 전체라고 하는 사람들로서, 그들은 몸이 각 기관의 집합 이상의 것이듯이 사회는 개인의 집단 이상의 것이라고 하는 말을 강조한다. 듀르케임은 그 가장 대표적인 인물이었다.

듀르케임은 개인 심리와는 별도로 집단 심리가 존재한다고 한다. 집단 심리는 개인의 외부에 있다. 우리들은 우리말로 얘기하지만, 모국어는 우리들이 태어나기 전부터 있었고, 우리들이 죽은 후에도 있을 것이다. 마찬가지로 우리들이 따라야 할 도덕도 우리들 이전부터 생겨 있었던 것으로 교육에 의해 우리들이 사회로부터 받아들인 것이다. 우리들의 행동방식, 사고방식, 느끼는 방법은 우리들의 외부에 있는 것이다.

집단심리는 외부에 있을 뿐만 아니라 우리들을 강제적으로 지배한다. 물론 강제당하고 있는 사실을 깨닫지 못한다. 공기의 중량을 느끼지 못하듯이 우리들은 강제당하고 있다고 생각하고 있지 않지만, 강제당하고 있다고 하는 사실은 부정할 수 없다. 만일 우리들이 사회의 관습에 따르지 않고 네 발로 기어 다니거나 호텐토트와 같은 복장으로 거리를 걸어다니거나 하면 사회는 우리들을 따돌려 버린다. 자신의 의지로 행동하고 있다고 생각하지만, 사실 이 의지는 외부로부터 강제되고 있는 것이다.

사회적 현상은 개인 속에 있는 것도 아니고, 개인과 개인의 관계에서 생긴 것도 아니다. 그것은 사회에 있다. 듀르케임은 말한다. '개인을 제거하면 사회밖에 남지 않는다. 내가 죽어도 내가 속해 있는 직장이 있고, 내 나라가 있고, 내가 가지고 있는 도덕이나 우리 말 등이 그대로 남을 것이다.'

듀르케임의 집단심리학이 문제로 삼는 것처럼 집단이 가지고 있는 정신, 그 사고방식, 느끼는 방법, 행동 방법이 개인에게 침투하느냐, 타르드의 상호심리학이 주장하듯이 개인과 개인의 상호관계에서 개인 심리학과 다른 것이 생기느냐는 어쨌든 개인이 사회화되고 인간성이 사회화 된다는 점은 부정할 수 없는 사실이다.

## 야생아(野生兒)와 고립아(孤立兒)

인간이 사회에 의해 만들어진다는 사실을 확실히 증명한 것은 동물의 보호에 의해 성장한 어린이의 예이다. 이미 역사상, 십 수례의 기록이 남겨져 있다고 하는데, 카마라의 예는 그 중에서도 가장 새롭고 상세한 기록이다.

1920년 인도의 고타무리라고 하는 마을 부근의 수풀에서 이리와 함께 살고 있던 여자 아이가 여동생(?)과 함께 발견되었다. 아마 갓난아기 때 어미 이리에게 물려와서 젖을 먹고 자란 것이리라. 그녀는 고아원에 입양되어 카마라라는 이름으로 교육받게 되었는데 당시 8세로 추정되었다 (여동생 쪽은 유감스럽게 곧 죽어 버렸다.).

 카마라의 성질은 처음엔 완전히 이리와 똑같았다. 음식은 손을 사용하지 않고 게걸스럽게 먹고, 낮에는 누워 있거나 멍하니 있었지만, 밤이 되면 멀리서 짖었다. 네발로 기고 민첩해서 붙잡기는 상당히 어려웠다.

 이와 같은 성질은 언제까지나 없어지지 않고, 고아원에 와서 2년이 지난 후에도 죽은 닭을 찾아내서 이것을 발로 누르고, 숲으로 가지고 가서 걸신이 들린 것처럼 먹은 적이 있었다.

 두 발로 서서 스스로 컵을 들어 마시고 두세 마디 말을 할 수 있게 되기까지는 5년이나 걸렸다. 겨우 1926년 즉, 6년째가 되어서 밤보다도 낮을 좋아하고, 동물보다도 인간과 친해지게 되어 시중꾼도 동물보다 인간에게 가까워졌다고 보고하고 있다. 다른 어린이들과 침실에서 보내거나 함께 떠들거나 하게 된 것이다.

 카마라는 정상아의 수준에는 미치지 못했지만, 살바도르의 타마샤라고 불리는 야생아는 곧 인간적이 되어 보통 어린이와 마찬가지로 읽고 계산을 할 수 있으며, 생활의 지혜를 발휘했다. 물론 이 예는 완전히 야생아라고는 말할 수 없을지도 모른다. 정글에서 체포되었을 때, 적어도 한 마디는 할 수 있었기 때문이다.

 이와 같은 예는 동물의 손에 자란 어린이가 보통의 인간과는 조금도 닮지 않은 행동을 한다는 사실을 가리킨다. 그들이 정신박약이라고 하는 가능성도 물론 생각하지 않으면 안되겠지만 (유명한 '아비뇽의 야생아'는 5년 간이나 훈련해도 조금밖에

발달하지 않았기 때문에 그 가능성이 생각되고 있다.) 많은 예가 모두 이와 같이 동물에 가까운 성질—동물(이리나 곰이 많다)에 의해 길러진 아이는 모두 발견되었을 때 네 발로 걷고 있었다—을 보이고 있었던 사실은 인간성이 사회에 의해 형성된다는 사실을 상상시키지 않을까.

  어린 시절에 이루어진 사회화의 중요한 부분은 유명한 카스파르 하우저의 예와 같은 고립아에게서도 볼 수 있다. 그는 태어난

지 얼마 안되어서부터 작은 움막에 갇혀서 16년 간 생활했다. 자유의 몸이 되었을 때에는 걷는 일도 어려웠고, 말도 할 수 없었고, 사회적으로 전혀 적응할 수 없는 상태였다. 단, 그 후의 지도가 잘 이루어져서 급속하게 학습해서 후에 자기 자신의 체험을 썼던 것이다.

보고된 고립아 중에 정신박약이라고 생각되는 경우도 있지만, 6년 반이나 어두운 방에 모친과 함께 감금되어 있었던 한 소녀(킹슬리 디뷔스의 보고)는 해방된 후 모든 점에서 엄청난 진보를 이루어 정상 어린이와 완전히 같아졌다. 그러나 자유로와진 당시는 전혀 인간적이 아니었던 점을 주의해야 할 것이다.

인간성의 그 기초는 생물학적인 것이더라도 사회에 의해 완성된다. 위에 서술한 욕구, 지각, 감정, 기억 등도 사회 속에서 변형되고 사회화되는 것이다.

## 성욕과 그 변형

우리들은 일단 정신적 에너지라고 하는 말을 사용해서 물이 낙하하여 다이너모를 움직이고, 전기 에너지를 만들어 다시 이 에너지가 빛 에너지가 되어 전등이 되고, 열 에너지가 되어 뜨거운 물을 끓이듯이 정신적 에너지가 여러 가지로 변화한다고 생각했다.

우리들이 행동하는 경우 많은 욕구가 충돌하는 경우가 많다. 성적(性的) 욕구는 도덕적 욕구와 충돌해서 브레이크가 걸린다. 그리고 욕구가 만족되지 않았기니 다른 욕구와 충돌하거나 하면 욕구의 에너지는 당연 변화해서 다른 방향으로 향하게 된다.

이와 같은 현상은 모든 욕구에서 볼 수 있지만, 특히 중요한 것은 성적욕구이다. 성욕은 만족되지 않더라도 생명에 지장이 없고, 대용(代用)의 목표라도 만족되기 때문이다.

목이 마를 때에는 물이 없으면 욕구의 만족을 얻을 수 없다. 우유든, 맥주든 수분이 있는 까닭에 갈증의 욕구를 만족시키고 물만이 이 욕구의 목표이다. 성욕의 경우는 그렇지 않다.

사회적 조건에 의해서 어른이 된 남성도 반드시 결혼의 기회를 갖는다고는 할 수 없고, 남편을 잃은 여성의 재혼도 용이하지 않은 경우가 많다. 이와 같이 성욕이 만족되지 못하고, 성적 에너지가 정상적인 성적 대상으로 향할 수 없을 때, 이것이 다른 목표를 찾는 경향이 있다. 즉, 동성(同姓)을 향하거나(동성애) 동물을 향하거나 한다. 죽은 애인의 사진, 기념품 등도 대상이 된다.

이와 같이 정신적 에너지가 하나의 목표를 향하는 대신 다른 것을 향하는 것, 욕구의 목적이 다른 목적으로 바뀌어 놓이는 것을 치환이라고 한다. 치환(置換) 중에서 특히 종교, 예술, 과학 등 사회적 가치가 있는 것에 대한 치환을 승화(昇華)라고 하며, 히스테리에서 볼 수 있는 것 같은 신체 증상으로의 치환을 전환(轉換)이라고 한다.

종교적 열정과 성적 활동과는 비슷한 것으로, 신앙과 성적 흥분에는 구별할 수 없는 같은 점이 있다. 성적 상징을 사용한

제5편――사회적 인간 249

미개종교나 성기 숭배 등은 일반에게도 알려져 있지만, 그리스 도교에서도 마리아에 대한 찬미가 연가이며, 연가가 성가가 되고 있는 경우가 있고, 실연하고 수도원에 들어가서 신앙 생활에 그 에너지를 옮기는 것은 미망인의 사찰 참배의 경우와 마찬가지다. 상당히 많은 종교가 교직자에게 성적 생활을 금하고 있지만, 이것은 성적 에너지의 승화를 목적으로 했다고 생각할 수 있다.

더욱이 유럽에서는 정신분열병의 환자로 신비(종교) 망상을 가진 사람이 많지만, 이것은 성적 망상과 유사할 뿐만 아니라 성적 망상과 동시에 출현하는 경우도 적지 않다.

확실히 종교는 성적 욕구에서만 생긴 것이 아니라, 언제까지나 살고 싶다고 하는 욕구나 즐거운 세계에 대한 소망이 천국이나 극락이라고 하는 것 같은 종교적 관념을 만드는 경우도 있다. 하지만 종교적 열정은 성적 에너지의 변형으로 생각할 수 있을 것이다.

종교적 열정 뿐만 아니라, 예술적 활동이나 과학적 활동조차 성적 에너지의 승화로 간주해야 할 경우가 많다. 더욱이 성적 에너지는 적당한 배출구가 없을 때, 전환해서 신체적 고민 상태를 일으키거나 경련이나 그밖의 신체 증상을 출현한다.

### 자기보존욕구와 그 변형

승화하는 것은 성적 에너지 뿐만이 아니다. 자기의 생명을 지키려고 하는 충동, 도피와 공격, 공포와 노여움의 충동(자기보존의 욕구 또는 자아 욕구)도 형태를 바꾼다. 마크드갈은 처음에 전선에 나간 4명의 병사 A,B,C,D의 행동으로 이것을 설명했다.

주위에서 폭탄이 파열할 때, A는 두려워하지 않고 분열이 없었지만, B와 C는 두려움을 느꼈다. B는 탄환이 옆에 떨어지자 달아났지만 C는 달아난다고 하는 것에 치욕을 느끼고, 공포를 억압해서 자신이 용감하다고 믿으려 했고, 자신은 용감하다고 자만했다. 그러나 마음 속에는 두려움과 치욕과의 갈등이 있었다.

D도 B나 C와 같은 정도로 두려워했지만, 두려움에도 불구하고 의무를 다하려고 했다. 그는 그 때문에 탄환이 어디에 떨어지는지를 잘 판단할 수 있게 되었다. 그는 주의 깊게 이성(理性)을 배려해서 정황에 순응하려고 했던 것이고, 공포는 승화된 것이다.

동물은 자기 보존의 욕구에 의해서 적이 오면 공격하거나 달아나거나 하지만 인간은 이밖에 정신적 인격(자아)을 방어하고 있다. 이미 어린 시절부터 사물을 소유하고 싶어하고, 타인에게 대항해서 좀처럼 지기를 싫어하며, 질투하고, 자만한다. 우리들이 한편으로 자존심을 지키고, 자신을 보임과 동시에 다른 한편 열등감과 불안을 품고 타인으로부터 달아나려고 하는 것은 이와 같은 정신적인 자기 보존의 욕구이다.

사회 생활에 있어서 이런 욕구는 보통 억제되고 일정한 한도로 유지되고 있지만, 때로는 극단적으로 탐욕, 전제, 시의(猜疑), 동물 학대, 허영 등이 되어 나타난다. 이런 것들은 '본능적 도착(倒錯)'이라고 불리는데, 사실은 도착이 아니라 정신적인 자기보존 욕구가 브레이크에 걸리지 않고 행동으로 나타난 것이다.

아도라가 주장했듯이 신체적 및 정신적 결함 때문에 자존심이 상처입고 열등감을 가질 때, 이 열등감을 보상하려고 여러 가지의 반사회적 징후를 나타내는 경우가 있다. 능력이 없는 야심가가 심술궂게 행동하고, 약한 자가 허세를 부리고, 사회에 적응할

수 없는 사람이 불평을 늘어 놓고, 매우 완고해서 남의 말을 듣지 않고, 질투하는 사람이 중상하거나 하는 것은 모두 이와 같은 현상이다.

  그러나 자존심이나 열등감은 성욕의 경우와 마찬가지로 승화되어 사회적인 활동에 이용되는 경우도 있다. 성격의 장에서 언급했듯이 강기(強氣)의 천재가 극단적인 자존심, 명예심, 야심을 이상주의로 돌리는 것은 이와 같은 승화 덕분이다.

## 지각과 감정의 사회화

지각이나 감정도 역시 사회화된다.

우리들은 눈 앞의 사물을 꽃으로 지각하고, 테이블이라고 지각한다. 이와 같은 종류 지각은 사물을 틀(카테고리)에 끼우는 것이지만, 이 틀은 사회로부터 주어진다.

사물이나 사람의 지각에는 지각하는 사람이 미리 가지고 있는 마음의 준비가 관계한다. 적응을 잘 하기 위해서는 앞선 준비가 필요하고, 우리들은 지각하기 전에 이와 같은 마음 자세를 가지고 있는 것이지만, 이것이 지각에 영향을 미친다.

짧은 단어를 언뜻 0.10초만(순간 노출기를 사용해서) 보이고, 그것이 뭐라고 하는 말인지를 말하게 하는 실험을 실시한 사람이 있는데, 두 그룹으로 나누어 최초의 그룹에는 시험 전에 짐승이나 새의 이름이 나온다고 해 두고, 다음 그룹에는 여행이나 교통기관에 관계가 있는 말을 보인다고 얘기해 둔다. 사실은 여기에 6개의 무의미한 말이 들어 있었다.

이 무의미한 말에 대해서 처음에 짐승이나 새라는 말을 들은 그룹에서는 63%가 짐승이나 새라고 대답하고(여행과 교통기관에 대한 대답은 14%), 최초에 여행이라든가 교통기관이라는 말을 듣고 있었던 그룹에서는 74%가 여행이라든가 교통기관에 대한 반응(짐승이나 새는 11%)을 보이고 있었다.

요컨대 분명하지 않은 자극에 대해서는 미리 가지고 있는 마음자세에 의해 해석을 하는 것이다(시폴라).

그런데 이 실험에서는 취해야 할 마음자세가 최초로 주어지고 있었는데, 보통은 그 사람의 과거 경험이 마음자세를 결정한다.

트럼프를 순간적으로 보이는 실험을 실시하고, 트럼프 속에 붉은 스페이스 4라든가 검은 하트 4라고 하는 실제로는 없는 카드를 넣어 둔다. 최초는 거의 전원이 28명 중 27명 실험에 존재하지 않는 카드를 붉은 하트 4라든가 검은 스페이스 4라고 과거의 경험대로 판단했다.(블루너, 포스트먼). 붉은 색의 광선 속에서 나무잎의 모양을 한 헝겊과 말 모양을 한 같은 헝겊을 보이면 나무잎 쪽이 녹색으로 지각되기 쉽다고 하는 것도 마찬가지이다.

요컨대 지각은 사회에 의하여 틀이 형성됨과 동시에 사회적 경험에 의한 마음자세로서 이루어지는 것이다.

감정에도 또한 사회화를 인정하지 않을 수 없다.

우선 브론델이 지적했듯이 잔학한 행위를 한 범인을 미워하지 않으면 안되고, 희극은 웃지 않으면 안되고, 승리를 알고 기뻐하지 않으면 안되고, 베에토벤의 음악을 듣고 미(美)의 감정을 느끼지 않으면 안된다. '하지 않으면 안된다'고 해도 도덕적 의무가 있는 것은 아니지만, 사회에서 생활하고 있는 이상 미치광이 취급을 받지 않기 위해서, 경멸당하지 않기 위해서 그와 같은 감정을 가질 필요가 있는 것이다. 우리들은 어린 시절부터 그런 감정을 품도록 교육받아 왔고, 조건지워지고 있었기 때문에 사회로부터 강제당하고 있다고 하는 느낌은 없다. 그렇지만 그와 같은 강제를 스스로 느끼지 못하고 또한 의식하고 있지 않더라도 역시 강제당하고 있는 것이다.

다음에 감정의 표출은 사회적 영향에 의해 억제된다. 노여움 경우에 단지 손을 꽉 쥐는 정도로 그치는 것은 그 일례이다.

또한 표정 중에는 생물학적인 것도 있지만, 인간의 경우는 태어난 후의 사회적 영향으로 변화한 것이 있다.

곤란할 때에 머리를 긁는다든가 절망했을 때 머리를 껴안는 등은 어린이에게서도 일찍부터 볼 수 있기 때문에 사회적인 것은 아니지만, 어른이 되어서는 표정이 사회적 습관의 틀에 포함되어 있음을 각 국민의 표정이 다르다는 사실로부터도 분명하다.

표정을 수반하는 감정 중에서 웃음은 옛날부터 논해지던 테마다.

나는 웃음을 (1) 기쁨의 웃음, (2) 우스꽝스러움의 웃음, (3) 말로서의 역할을 하는 웃음,이렇게 3종류로 나누었지만 기쁨의 웃음은 사회적인 것이 아니다. 다윈은 원숭이도 기쁘면 웃는다고 했지만, 아기가 몸의 상태가 좋을 때 미소짓는 것은 기쁨의 웃음 정도의 것으로 생리적이다. 말로서의 웃음이 사회의 틀에 포함된 것임은 물론이지만, 우스꽝스러움의 웃음도 사회적인 것이다.

우스꽝스러움의 웃음은 사회 생활에 있어서 긴장을 이완하는 목적을 가지고 있음은 확실할 것이다. 마크드갈은 '웃음으로 타인의 불행으로부터 눈을 딴 데로 돌릴 수 있다'고 서술하고 웃음을 사회 생활에 있어서 긴장의 이완으로 생각했다. 베르그송은 사회는 웃음으로 인하여 '사회의 습관으로부터 벗어난 인간으로, 더구나 미치광이 취급할 정도는 아닌 사람'을 사회로부터 배제해서 사회를 지키려고 한다고 서술했다.

더욱이 홉스 이후, 웃음을 승리의 감정이라든가 우월감에 의한 것이라고 한 사람이 적지 않고, 인간이 부주의하게 바보짓을 할 때 웃는다고 하는 베르그송의 주장도 같은 선을 따른 것이라고 할 수 있지만, 이런 생각도 웃음을 사회적인 것으로 간주한 것이다.

웃음과 마찬가지로 눈물의 경우도 또한 사회의 영향을 무시할 수 없다. 어린아이는 고통스러울 때에도, 화가 났을 때에도 울부짖는다. 부르짖는다고 하는 근육의 반응과 동시에 눈물을 흘린다.

그러나 그 후 정신적 고통과 노여움이 분화됨과 동시에 사회생활은 울부짖기를 억압한다. 사람 앞에서 울부짖는 것은 보기 흉하다. 그러나 눈물을 흘린다고 하는 반응은 억압할 수 없기 때문에 이것만이 성장한 후까지 남겨진다. 정신적 고통은 근육의 반응으로서 나타나면 사회화되어 동작이나 말의 형태를 취하든가 선(腺)의 반응으로 눈물을 흘린다고 하는 형태를 취하는 경우가 많다. 노여울 때에는 반대로 근육의 운동이 주가 되고 눈물의 분비는 생기지 않지만, 드물게 볼 수 있는 '운동 반응이 없는 노여움'의 경우에만은 눈물이 수반된다.

우리들은 텔레비젼의 이야기를 들으면서도 눈물을 흘린다. 근육의 제스츄어를 할 수 없을 것 같은 먼 비현실적인 불행에는 눈물로 반응한다.

또한 타인을 동정한다고 하는 경우, 말이나 동작이 주가 되면 눈물을 흘리는 경우가 적다.

기쁨의 눈물――재회, 올림픽에서의 금메달 수상 등――도 근육의 반응만으로 긴장의 해소가 불충분할 때에 볼 수 있는 것이다.

눈물을 흘린다고 하는 반응은 인간만이 아닐지도 모른다. 코끼리가 잡히면 고통스러운 비명을 지르고 눈물로 얼굴을 적신다고 하는 이야기는 다윈에도 인용되고 있다. 그러나 근육의 반응과 선(눈물만이 아니라 침도 마찬가지로서 파블로프의 개의

경우도 고기를 향해 돌진하고 있는 동안은 침을 흘리는 경우가 적고, 기다리고 있는 사이에 침을 흘린다)의 반응이 대립해서 긴장이 한쪽에 나타나면 다른 쪽에는 나타나지 않는다고 하는 현상은 위에 서술했듯이 사회 생활 중에서는 큰 역할을 담당하고, 감정 생활의 사회화의 한 징후가 되고 있다.

눈물은 근육 운동과 달리 억압은 어렵지만 슬픈 장면을 생각해 냄으로써 또한 조건 반사로 인해 흘릴 수 있게 되기 때문에 웃음과 마찬가지로 말로 이용되는 경우도 있다.

　어린아이는 동정받기 위해서 울고, 어른은 동정을 보이기 위해서 운다. 여성이 남성에게 아양 부리기 위해서 눈물을 흘리는 경우도 있고, 일종의 거짓말에 사용되는 경우도 있다.

　감정 중 정조라고 불리는 것은 사랑이라든가, 미움이라든가, 경멸이라든가, 존중이라고 하는 어느 것에 대한 지속적인 가치부여의 경향으로 때에 따라서 여러 가지의 행동을 일으키는 것이다. 예를 들면 사랑은 상대를 타인에게 빼앗기지 않을까라고 하는 공포나 질투를 일으켜 상대를 만난 기쁨을 생기게 하고, 상대의 불신(不信)에 대해서는 노여움을 보이고, 상대의 배려에는 감사의 감정을 나타낸다.

　이런 지속적인 감정 중에서 종교적·예술적·도덕적 등 사회적 가치를 가진 것만을 정조라고 부르는 사람도 있지만, 이런 근저에는 생물학적인 것이 있다는 사실이 분명할 것이다.

　예를 들면 애정은 포유동물에게 볼 수 있다. 원숭이 새끼가 헝겊 어미 인형에게 매달리는 경향을 가지고 특히 곤란할 때에 이 인형에게 달려 간다고 하는 실험은 새끼 동물의 어미에 대한 접촉은 어미가 음식(젖)을 공급하기 때문이 아니라는 사실을 증명함과 함께 애정이 생물학적인 것으로 보호를 받는다고 하는 의미를 갖는다는 사실을 분명히 했다(할로우 졸저「사랑과 증오」를 보라). 그러나 모든 정조에 생물학적 의미가 있을까.

　음악의 협화음이 유쾌하고 아름답게 느껴지고, 불협화음은 불쾌하게 느껴지는데 협화음이 특히 적응에 도움이 된다고는 생각되지 않고, 불협화음이 적응에 부적합하다고는 말할 수 없는 것 같다. 그러나 다윈은 생물학적 의미를 강조했다. 새의 아름다운 소리는 이성(異性)을 유혹하고, 꽃의 훌륭한 색깔은 멀리 있는 곤충을 끌어 당겨서 꽃가루를 매개시키고 있다. 그것은 종족을 증가시켜 가는데 도움이 되고 있다.

이것은 새나 곤충이 아름다움을 느끼고 있는 증거이다. 공작새 등의 아름다운 장식도 마찬가지다. 미적 감정은 생물학적인 것이라고 하는 얘기가 된다.

그렇지만 인간의 경우에는 그것 뿐만이 아니다. 첫째로 예술은 그 때의 사회에 적합한 것으로서, 예를 들면 종교적인 목적을 위해 사용되고 있는 미적 감정은 생물학적 의미를 가질 뿐만 아니라, 사회적 의미를 가지고 있는 것이다. 둘째로 예술은 처음에는 생물학적, 사회학적 의미를 가지고 있었다고 해도 나중에는 '도움이 되는 것'이 아니게 되고, '유희'── 이것도 원래는 적응에 도움이 되기 위한 것으로, 예를 들면 여자아이의 인형놀이는 어머니가 되고 나서의 준비라고 생각하는 사람(칼 그로스)도 있지만,──와 마찬가지로 목적을 갖지 않는 것이 되고 있다.

어쨌든 미적 정조가 사회적인 것이 되고 있는 사실은 부정할 수 없다. 종교적 열정이 성적인 것과 관련이 있음은 이미 서술했지만 경이감, 무력감, 복종감과 같은 것과 결부된 종교적 정조──윌리암 제임스는 단순한 추상적인 '종교 감정'이라고 하는 것은 존재하지 않는다고 서술했다──는 사회적인 것이다.

열정은 골프, 사냥, 우표 수집, 발명 등에 열중할 때의 감정 상태로 정동(情動)과 같이 급성(急性)으로 생리적이 아니라

지속적 경향을 띠고, 한 가지 일에 열중해서 다른 경향을 정복시키는 것으로, 정동이 사회생활 중에서 여러 가지의 관념과 결합되어 지속적이 된 것이라고 말할 수 있다.

야심이라든가 탐욕이라든가 사회가 비난하는 열정도 있고 이상주의라고 하는 열정도 있지만, 사회 속에서 태어난 것으로 선천적, 생물학적인 것은 아니다.

## 기억의 사회적 틀

이미 서술한 습관적 기억에서도 단순히 기계적인 암기 뿐만 아니라, 추리라든가 판단 등이 이용되는 경우가 많다. 미개인이나 정신박약자의 뛰어난 기억력과 달리 사회로부터 배운 방법을 사용하는 것이다.

기억술(記憶術)이라고 일컬어지는 것 중 하나는 무의미한 것을 의미있는 말로 만드는 것이다. 원주율 $\pi=3.14159265$(산부인과 의사 미국으로 향하다)라든가 자연로그의 한계 $\in=2.718281828$(뱃사람이나 배나 사람이나 배나) 등이라고 하는 것은 이 예다. 말로 만들어 버리면 의미를 가지고, 하나의 질서와 통합이 생겨서 외우기 쉬워진다.

암기를 잘 한다고 하는 사람 중에서 기계적 암기에 의지하지 않고, 지적(知的)인 조작을 대폭으로 이용하는 사람이 적지 않다.

예를 들면 밀러가 연구한 사람은 49의 숫자를 한번 듣기만 하고 곧 이것을 외워 버려서 위부터도 아래부터도 말할 수 있었다. 이와 같은 암기력에 의해서 계산력도 경이적인 것이 되고, 7자리 수의 제곱근, 두자리 수의 6승을 할 수 있고, 40자리 수의 17승근을 1분만에 풀었다. 그의 이 기억력은 기계적인 기억은 아니었다. 49 숫자의 기억은 7가지 숫자 7행으로 만들고 있었고, 그 외 451697이라고 하는 것 같은 것은 $451=11\times41$, $697=17\times41$이라고 하는 식으로 만들고 있었다. 이 예에서도 기계적 암기 쪽은 보통이고, 특히 뛰어나지는 않았다(계산을 잘 할 수 있는 사람이 반드시 수학자라고는 할 수 없다. 계산이 능숙한 것은 주로 앞에 한 계산을 기억하고 있기 때문으로, 기억에 의한 것이다).

바트렛트는〈유령과의 전쟁〉이라고 하는 줄거리가 있는 이야기를 종이에 써서 읽힌 후, 15분이나 20시간이나 1개월 후에 상기시켰는데, 이것은 처음의 것과 상당히 달랐다. 바트렛트는 이것이 사회적인 틀에 의한 재구성이라고 주장했다. 이 틀 또는 도형에 따라서 원문을 다시 만들어지고, 이 틀에 따라서 내용이 줄거나 바뀌거나 한다. 즉, 원문 보다도 줄거리가 통하도록 합리화된 것이다.

위와 같은 현상은 범죄 사건 등의 경우에서도 볼 수 있다. 증인이 말하는 것은 의외로 불확실하다. 이것을 실험(공술 실험 ;共述 實驗)하기 위해서 인물이 들어 있는 그림을 보이고, 모자의 색, 안경의 유무(有無), 복장의 칼라라고 하는 것 같은 많은 점에 대해서 나중에 질문하면 상당히 다르다. 더구나 사회적 습관에 따라서 바뀌고 있는 경우가 많다.

기억의 변화 방법에 대해서 '수준화'와 '강조화'라고 하는 것이 주장되었다(울프). 제26 그림과 같은 도형을 보고 나중에 이것을 상기해서 그리게 하면 두 갈래의 끝이 좌우상칭이 되도록 변화하는 경우와 원래의 그림에 있는 좌우의 차이가 더욱 심해지는 경우가 눈에 두드러진다. 전자를 수준화라고 하며, 후자를 강조화라고 부른다.

이것을 지각 때에 서술한 게슈타르트 법칙으로 설명한 사람도 있지만(울프), 상당히 무리한 설명으로서 역시 머리 속으로

제26그림

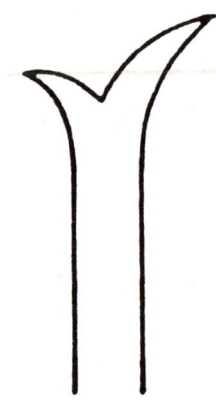

원 그림

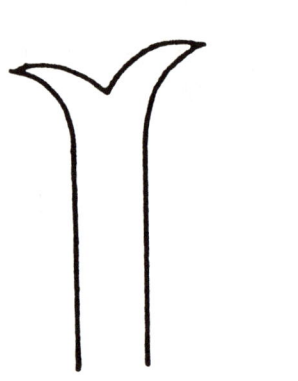
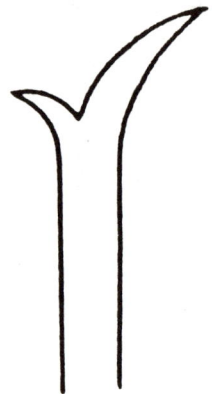

수준화된 재생   강조화된 재생

생각한 것 즉, 내언어(內言語)의 영향으로 간주해야 할 것이다. '두 갈래로 나뉜 것'이라고 생각하면 수준화가 이루어지고, '한쪽이 돌출해 있다'고 생각하면 강조화가 이루어진다.

언어에 의해 얼마나 기억이 변화하는지에 대해서는 많은 실험이 있다. 제27 그림의 중앙 열 도형을 가리키고 좌측과 같은 이름을 말하면(예컨대, 가장 위의 도형을 보이고 모자라고 한다) 왼쪽 것과 같은 도형을 재생하기 쉽다. 우측과 같은 이름을 말해 두면(예컨대, 범선이라고 한다) 우측의 도형이 나올 가능성이 많다. 이것은 결국, 사회로부터 받아들인 심벌(언어)이 기억을 결정하는 증거다.

사회의 영향은 과거에 있어서 단 한 번의 경험을 상기할 때에 가장 확실히 나타난다. 프랑스 학파에서는 이것만을 진짜 기억이라고 하는 경우가 많은데, 이 기억이 습관 기억과 다른 점을 여기에서 한 마디 할 필요가 있을 것이다.

많은 병적인 현상은 경험한 일이 흔적으로 남는 경우와 이것을 경험한 일이라고 해서 상기하는 경우가 같지 않음을 가리킨다.

코르사코프가 관찰한 어느 환자는 보거나 듣거나 한 것을 곧 잊어 버렸다. 환자의 방에 들어가면 그는 '오늘은'이라고 한다. 그래서 방을 나와 버려 2,3분쯤 지나고 다시 들어가면 이번에는 인사를 하지 않는다. 그러나 '나를 본 적이 있는가'라고 물으면 본 적은 없다고 대답한다.

어떤 환자는 전기요법이 싫어서 전기기계를 보면 싫은 얼굴을 했다. 그렇지만 전에 전기를 작용시킨 것은 잊고 처음 전기요법

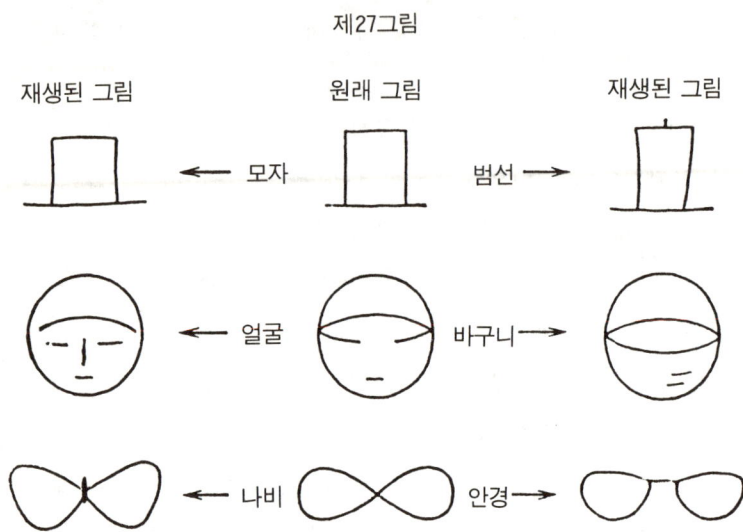

제27그림

중앙의 것을 우측의 말과 함께 보이면 우측 끝과 같은 도형으로써 재생되기 쉽고, 좌측의 말과 함께 보이면 좌측 끝과 같은 도형을 재생하는 경향이 있다.

을 받는다고 한다.

 과거 경험의 흔적이 있는 것은 틀림없는데 자신이 그와 같은 경험을 했다고 하는 기억은 없다. 흔적이 남는다고 하는 것(기명)과 재인 기억(再認記憶)은 같지 않다.

 고열(高熱)로 의식이 흐릿해졌을 때나 꿈 속 등에 대한 경험이 나오는 경우가 있는데, 이것은 습관 기억과 달리 과거의 한 번 뿐인 경험과 관계된 것이지만, 과거가 저절로 나온다고 할

뿐, '과거의 일이다'라고 하는 의식을 수반하지 않는다. 그것은 내가 심층 심리적 기억이라고 부른 것이다.

　재인 기억은 '현재의 자신'과 '과거의 자신'이라고 하는 것이 확실히 의식되고 있지 않으면 안된다. 단순히 체험한 것이 흔적을 만들고(기명;記銘), 이 흔적이 남아서(유지;維持) 뭔가의 동기로 나타난다(재생;再生)고 할 뿐만 아니라, 자신의 과거에 관계된 일이라고 하는 판단이 없어서는 안된다.

기억에는 경험했다고 하는 느낌('언젠가 본다' 느낌은 데쟈 뷰 déjà vu라고 일컬어지고 실제의 경험이 없어도 발생한다)이 수반되고 그 무렵이었다, 그 사람과 함께였다고 하는 판단이 수반되는데, 이 판단에 의해 경험한 일이 과거화된다. 과거에 대해서 이야기(타인에게 이야기할 뿐만 아니라 자신 자신에 대해서도 이야기한다)할 수 없다면 기억은 없다(쟈네).

이와 같은 기억은 단지 흔적이 남는 경우와 달리 진화된 지성과 사회화를 필요로 한다. 이것은 사회적 기억으로서 사회적인 사고방식에 따라서 과거를 재구성하는 일이다(브론델, 알봬스).

# 제2장
# 인간의 상호관계

### 상호심리학의 기초

　인간의 상호관계의 기초는 인간의 접촉이다. 경쟁도, 협력도, 사랑도, 미움도 인간의 접촉 없이는 생기지 않는다.
　접촉이라고 하는 것은 반드시 당구의 공 접촉과 같이 직접 접촉하는 것만은 아니다. 하나의 신문 기사를 멀리 떨어져서 읽는 사람은 간접적인 접촉을 하고 있다고 말해야 할 것이다.
　접촉은 또한 일시적인 것만은 아니다. 선생과 학생과의 접촉, 연인끼리의 접촉, 부부 간의 접촉 등 지속적인 것도 있다.
　그러나 인간과 인간의 관계를 다루는 상호심리학이 대상으로 하는 가장 간단한 현상은 직접적, 일시적인 접촉이기 때문에 우선 이 종류의 접촉을 생각해 보자.
　전차 안에서 타인과 부딪친다. 일부러 타인의 발을 밟는다. 발을 밟은 인간을 호통친다. 통로에 타인이 둔 트렁크에 걸려

넘어진다. 전차 안에서 젊은 남녀가 키스하고 있는 것을 본다. 이것은 모두 전차 안에서 일어나는 접촉이다.

그러나 타인과 부딪치는 것과 타인의 발을 밟는 것은 물적 접촉이지만, 타인을 호통치는 경우나 타인의 키스를 보는 경우는 물적 접촉이 아니다. 또한 우연히 타인과 부딪치는 것은 물건에 부딪친 것과 마찬가지로 사회적인 상호작용이 아니고, 타인이 둔 트렁크에 걸려 넘어지는 경우도 트렁크를 둔 사람은 걸려 넘어진 인간에 대해 일부러 이것을 둔 것이 아니므로(비교섭적) 양자 간에는 사회적 접촉은 존재하지 않는다(A는 단지 트렁크를 둠으로써 환경을 바꾸고, B는 이 환경에 있어서 걸려 넘어진다고 하는 동작을 한 것이다 ). 타인의 발을 일부러 밟는 행동은 상대에 대해서 이루어진 것(교섭적)이다. 발을 밟은 사람을 호통치는 행동도 상대를 향해서 이루어진 것(교섭적)이지만, 젊은 남녀의 키스는 멋대로 하고 있기 때문에 이것을 보는 사람에 대해서 특별히 이루어진 것은 아니다(비교섭적).

나는 접촉을 (1) 물적이고 비교섭적인 것, (2) 물적이고 교섭적인 것,(3) 심적이고 비교섭적인 것, (4) 심적이고 교섭적인 것, 이렇게 4종류로 나누고 싶은 생각이다.

사회에는 (1)의 물적·비교섭적 접촉은 많지만, 이것은 심리학의 문제는 아니다.

강 상류에 구리산이 생겨서 광독(鑛毒)이 흘러 내려와 하류의 농민이 지독한 봉변을 당하거나, 상류의 산에서 나무를 베어 버렸기 때문에 하류의 도시나 논·밭이 대홍수로 재해를 입는다(생태학적 상호관계). 부자의 매점으로 가격이 비싸져서 일가(一家) 중심을 하는 경우가 있다(경계적 상호관계). 어느나라에서 이민법을 개정했기 때문에 입국할 수 없다든가, 대학생의 정원을 늘렸기 때문에 입학할 수 있다고 하는 경우도 있다(사회구조에 따른 상호관계). 이와 같은 상호관계 즉, A→환경의 변화→B로 나타낼 수 있는 것은 모두 심리학적인 관계는 아니다.

같은 임금 인상이라고 하는 결과도, '스트라이크를 할 테다'

| 상호관계<br>행동의 결과 | 교섭적 | 비교섭적 |
|---|---|---|
| 심적(心的) | A가 B를 호통친다. | A는 전철 안에서 여성과 키스를 하고 있다. B는 이것을 본다. |
| 물적(物的) | A가 B의 발을 일부러 밟는다. | A는 트렁크를 둔다. B는 여기에 걸려 넘어진다. |

A→B의 접촉의 유형

라고 위협해서 올리게 하는 것은 교섭적이지만, 일손 부족의 결과 임금이 오르는 것은 비교섭적이다.

 A가 B에게 말을 거는 것은 심적·교섭적인 관계의 일종으로 커뮤니케이션이라고 일컬어진다. 그것은 '호소'의 의도가 있든가 또는 뭔가를 전달하려고 하는 목적이 있다고 생각되는 것(새가 울음으로 위험을 동료에게 전달하든가, 꿀벌이 댄스로 꿀이 있는 방향을 알리는 것 같은 동물의 커뮤니케이션)으로서 어머니의 불안한 감정이 아이에게 전염되는 것 같은 비교섭적인 것까지도 커뮤니케이션에 포함시키는 사람이 있지만, 이것은 적당하지 않다.

 그렇지만 커뮤니케이션 중에 교섭적이 아닌 것처럼 보이는 것이 있다. A가 B에 대해서 칠판에 뭔가 써 두고 알릴 때도, 이야기하는 경우와 마찬가지로 커뮤니케이션으로 신문에 뭔가 써서 독자에게 알리는 경우도 커뮤니케이션이다. 그러나 신문기

자가 집필한 신문기사에 따라서 주식을 사서 손해를 본 사람이 있었을 때, 이것은 A가 상류의 나무를 베어 B가 홍수를 만나는 것과 마찬가지이므로 교섭적이 아니라고도 말할 수 있으리라. 전자가 신문에 기사를 집필함으로써 환경을 변화시키고 후자는 이 환경에 따라 행동했을 뿐이기 때문이다. 한편으로 보면 교섭적이고, 다른 한편으로 보면 비교섭적이라고 하는 것은 이 경우의 환경이 경제 환경이나 생태학적 환경 등과 달리 타인과의 교섭을 목적으로 한 커뮤니케이션을 위한 교섭이기 때문이다.

이와 같은 환경에 있어서 커뮤니케이션이 매스커뮤니케이션이다.

인간과 인간과의 접촉 중에서 심적(心的)인 상호관계와 물적(物的)인 상호관계를 나누는 것은 범죄 등의 경우에 필요해진다. 세게 때린다고 하는 물적인 상해(傷害) 보다 감정적으로 슬픔을 주거나 화나게 하는 편이 훨씬 심한 경우도 있을 수 있다. 슬픈 나머지 자살하는 것 같은 경우도 있고, 화가 나서 혈압이 상승하여 뇌출혈로 죽었다고 하는 예도 결코 적지 않다.

그러나 물적인 상해의 원인은 해를 가하는 인간 뿐으로, 피해자의 기분에는 관계 없는데 반해서 심적인 상해는 상대가 태연하게 있으면 피해는 일어나지 않는다. 상대의 수양 여하에 따라서 또는 둔감성의 정도에 따라서 상해라고 하는 결과를 낳지 않는다. 그러므로 오늘날의 사회에서 물적인 상해는 일반적으로 범죄가 되는데, 심적인 상해는 범죄가 되지 않는 것이다 (명예훼손은 그 결과 그 사람의 장래에 실질적인 해를 주기 때문에

물적인 것으로 인정할 수 있다).

## 일시적 상호관계

인간과 인간의 접촉을 다루는 것은, 종종 인간 관계를 다루면서 심리학적 문제와 심리학 이외의 문제를 혼동하기 쉽기 때문이다.

협력에도 심리적인 것이 있지만, 심리적이 아닌 것도 있다. 각각의 마을 공장에서 부품을 만들면서 그것이 어떻게 연결되어 어떤 기계가 되는지 모르고 있는 두 노동자의 협력은 심리적인 협력이 아니다.

이하, 상호관계라든가 인간관계라고 일컫는 것은 모두 심리적인 것으로 심적 접촉을 토대로 하는 것 뿐이다.

개인 심리의 연구에 뇌의 생리학을 무시할 수 없지만, 심리적 사실과 생리적 현상은 별개의 것이다. 마찬가지로 사회 심리의 연구에 사회의 구조나 경제적 조건은 무시할 수 없으며, 사회적 현상은 동일하지 않음을 잊어서는 안된다.

심리적 상호관계에도 타인의 흉내를 낸다든가 타인과 경쟁한다고 하는 것 같은 일시적인, 그 때 뿐인 것이 있고, 우정관계라든가 상사와 부하의 관계와 같이 지속적인 것이 있는데, 우선 일시적 상호관계를 고찰한다.

일시적 상호관계는 B가 A를 모방한다, A가 B에게 암시를 준다고 하는 A→B라고 하는 것 같이 일반적인 것과 협력이라든가 경쟁과 같이 A⇌B의 형태를 취하는 것이 있다.

이 중 A→B의 관계에는 다음의 종류가 있다(각 항 밑에 기재된 것은 각각의 예).

(1) 자동적 모방…… A가 하품 하는 것을 보고 B가 하품을 한다(운동적·무의지적)

(2) 공감(共感)…… A가 슬퍼하고 있는 것을 보고 B가 슬퍼진다(감정적).

(3) 암시…… 통증이 없어진다는 말을 듣자 통증이 없어진다

(관념적).

　(4) 의지적 모방······ 타인이 쓴 것을 흉내내서 쓴다(운동적·의지적).

　(5) 설득······ 종교가 등의 신념 전달(논리적인 형태를 취하지만 감정적).

　(6) 논술······ 수학상의 증명(객관적·논리적).

　커뮤니케이션에는 (3)(4)(5)(6)이 포함되어 있다.

　일시적인 상호관계 중에서 A⇌B와 같이 서로 영향을 미치는 것에는 다음과 같은 것이 있다.

　(1) 원환행동(円環行動) ······ 친구와 춤을 춘다. 파티 등에서 서로 칭찬한다.

　(2) 협력······ 야구의 팀 워크. 그 밖에 지배복종의 관계도 일종의 협력이다.

　(3) 충돌······ 옛날에는 상대의 전면적 부정으로 상대를 죽이는 것을 목적으로 하고 있었지만, 게임의 규칙에 따라서 형태를 바꾸었다. 피처는 플레이트로부터 볼을 던지지 않으면 안 되지만, 이것과 마찬가지로 재판이라든가 노동쟁의라든가 사회가 인정하는 형태의 충돌이 생기게 되었다.

　(4) 경쟁······ 달리기의 경쟁과 같이 자신의 힘을 최대한으로 발휘해서 상대를 앞지르려고 하는 '다툼'으로, 싸움이나 말다툼 등 상대에 대해서 이루어지는 충돌 또는 다툼(충돌의 변형 또는 승화된 것을 '다툼' 라이벌리라고 부르는 사람이 있다.)과 구별되지만 게임 중에 다툼이 일어나듯이 전자로 바뀌는 경우가 적지 않다.

협력이나 충돌은 동물에게서도 볼 수 있다. 충돌은 '우승열패(優勝劣敗), 적자생존(適者生存)'을 주장한 다윈이 지적한 말이지만 협력도 클로포트킨 이후 강조되고 있다. 침팬지를 사용한 다음과 같은 협력 실험도 이루어졌다(클로포드).

침팬지의 우리 속에 황, 녹, 적, 청색의 버튼이 있고, 이것을 차례대로 눌러 가면 먹이를 얻도록 침팬지를 훈련해 둔다. 다음에 이 우리 중앙에 울짱을 만들어서 한쪽에는 A침팬지를, 다른

쪽에는 B를 넣는다. A침팬지가 있는 곳에는 황·적색의 버튼밖에 없고, B침팬지가 들어 있는 부분에는 녹·청색의 버튼밖에 없다.

먹이를 얻기 위해서는 A가 황색의 버튼을 누르고, 다음에 B가 녹색을, 다시 A가 적색을, 마지막으로 B가 청색을 누르지 않으면 안된다.

침팬지는 협력했다. 한 마리가 버튼을 누르는 것을 다른 원숭이는 꼼짝 않고 보고 있다가 자신이 누른 후에는 상대를 손으로 쿡쿡 찔러 '해라'하고 말하고 있는 것 같았다.

인간의 생활에 협력이 중요하다는 사실은 말할 필요도 없지만, 어린아이의 경우는 경쟁 보다도 조금 늦게 3세 정도가 되어 출현한다. 어린아이를 협력시키는 것과 경쟁시키는 것, 어느 쪽이 도움이 되는가라고 하는 연구도 이루어졌는데, 이것은 간단하게 결정할 수 없다. 복잡한 문제라면 협력 쪽이 바람직해서 '세 사람이 모이면 스승이 나온다'고 하는 속담의 정당함을 증명하지만, 간단한 문제를 빨리 하는 것 같은 경우에는 경쟁시키는 편이 좋다.

일반적으로 사회생활에서는 야구의 경우에 팀 안에서도 협력이 이루어지고, 다른 팀과 경쟁이 이루어지듯이 협력과 경쟁이 동시에 존재하고 있다.

### 지속적 상호관계

인간관계에서는 일반적으로는 그 때 뿐인 것 보다도 지속적인

제28그림

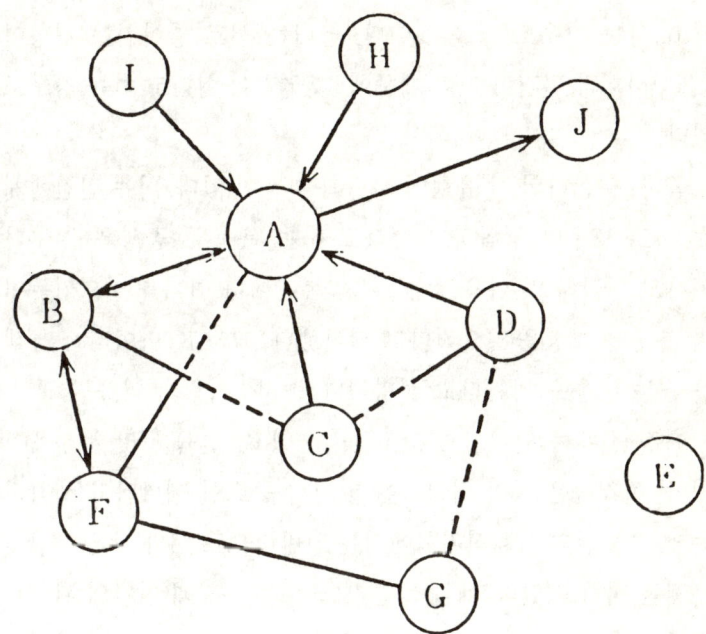

하나의 그룹 사이에서의 좋고 싫음을 나타낸다. 실선은 서로 호감을 가지고, 점선은 반감을 나타낸다. A와 F 사이와 같이 F가 A를 좋아하더라도 A가 F를 싫어하고 있다고 할 경우도 있다. E는 고립자.

것이 문제가 된다.
 저 사람은 좋다, 저 남자는 싫다고 하는 경우와 같이 좋다——싫다고 하는 것은 지속적인 인간관계에서 가장 기본적인 것이다. 좋다 싫다고 해도 여러 가지 뉘앙스가 있어서 성미가 맞든가, 맞지 않는다고 하는 경우도 있고, 재미있는 인간이다, 시시한 인간이다라고 하는 경우도 있고, 사상이 같은가 다른가 라고 하는 경우도 있을 것이다. 남녀는 서로 좋아지는 경향이 있고, 사회적 편견이 있기 때문에 그 국민이 싫다고 하는 경우도 있다.

좋다──싫다의 한 유형에 사랑과 미움이 있다. 나는 인간에게는 서로 도우며 생활하고 싶다고 하는 욕구──공생욕구──가 있다고 생각하고, 식욕(食欲)이 공복감이나 허기를 일으키듯이 이 욕구가 애정을 일으킨다고 생각했다. 그리고 '마이너스 공생욕구'는 미움을 낳는다고 설명했다(졸저 「사랑과 미움」).

애정 중에는 연애가 있고, 우정이 있고, 혈육애 및 부부애가 있다. 이것들은 각각 심리학에 있어서 중요한 테마라고 생각되는데, 오늘날의 사회심리학에서는 일반적으로 이와 같은 복잡한 문제를 피하고 있다. 예를 들면, 모레노는 인간과 인간의 관계를 좋다──싫다고 하는 측면에서 기술하고, 다시 이것을 수량적으로 나타내려고 했다. 제28 그림에 보이는 것이 소시오 그래프, 이것을 수량적으로 표시하는 방법이 소시오메트리다.

인간과 인간의 관계는 좋다──싫다 뿐만은 아니다. 상──하의 관계가 있다. 우월──열등 또는 지배──복종의 관계라고 할 수도 있다.

상-하 관계도 역시 여러 가지다. 머리가 좋다, 나쁘다로 상하가 결정되는 경우도 있을 것이고 신분이 상하를 가를 수도 있다.

　상——하는 지속적인 상호관계이지만, 그때의 정황에 관계가 있는 경우가 많다. 회사의 사장은 직장에서는 과장보다 위라도 스포츠 그룹에서는 아래가 된다. 사회적 역할에 의한 것이다.
　사회 속에서는 남자라면 남자답게 행동하지 않으면 안되고, 부하는 부하로서 상사를 대하지 않으면 안 된다. 인간은 자신의 사회적인 지위(반드시 상하 지위 뿐만은 아니다)에 어울리게 행동하는 것이 요구되고, 또한 그와 같이 행동할 것이라고 기대

되고 있다.

 이와 같이 사회적 지위에 따른 행동이 사회적 역할이고, 지위의 다이나믹한 측면——사회 속에서의 위치를 그 행동이라고 하는 점에서 본 것——이라고도 정의되는데(린턴), 사회적 역할을 고려하는 것은 지속적인 인간관계 특히 상-하 관계를 생각할 경우에 빼 놓을 수 없다.

 상——하 관계의 한 유형에 리더와 이것을 따르는 사람의 관계가 있다. 리더 중에는 신(神)의 성질을 가진 사람(카리스마적), 오늘날의 유럽 왕이나 여왕과 같이 국가를 상징하는 사람(상징적), 화족(華族)과 같이 위에 선 신분의 사람(전통적), 나폴레옹과 같은 정치력을 가진 사람(실력자적), 히틀러 등과 같이 대중을 설득하고, 끌고 가는 능력이 있는 사람(선동적), 억지로 남을 지배하는 사람(강압적) 등이 구별된다.

 상——하 관계는 동물의 세계에도 있지만, 그것은 어린아이끼리의 골목대장과 비슷한 것으로, 인간의 강압적 리더와는 다르다.

 원숭이의 생태 연구자는 두 마리의 원숭이 중간에 감을 던져서 원숭이 사회의 상하 순위를 결정했다. 두 마리는 다투지 않았는데, 상위의 원숭이가 반드시 이것을 집어 버리기 때문이다. 수컷의 경우는 옆에 순위가 높은 원숭이가 있으면 꼬리를 축 늘어뜨리고, 상위의 원숭이는 꼬리를 세워 우위를 나타낸다.

 연령, 몸의 크기, 완력 외에 과거의 경력(병을 앓았다든가, 상처를 입고 좀체로 치료되지 않았다고 하는)이 관계하고 있다고 생각되는데, 순위를 변경시키는 실험을 한 사람이 있다(밀러, 머피, 머스키).

지위가 낮은 원숭이가 나타나면 이 원숭이 보다 지위가 높은 원숭이에게 전기 쇼크를 가하고, 후자가 횡목을 누르면 전기가 끊어지고 동시에 전자가 보이지 않게 되도록 했다.

이와 같은 실험을 반복해 나가는 사이에 지위가 낮은 원숭이가 나타나면 횡목을 누르게 되었는데, 이것이 이 원숭이들 그룹 내의 순위를 전반적으로 바꾸었다. 저위의 원숭이는 상위로 올라갔는데, 쇼크의 실험을 받지 않았던 원숭이도 추월해 갔고, 이 한 마리의 지위 향상은 전체의 지위도 변화시킴으로써 이로 인하여 그룹 내의 관계라고 하는 것이 얼마나 복잡한지 분명해졌다.

인간 사회에서 상——하 관계를 특히 좋아하는 타입의 인간이 있다. 한편으로 그들은 권위에 복종하지 않고는 살아나갈 수 없음과 동시에 다른 한편, 약한 자를 구박함으로써 자신의 힘을 과시하려고 한다. 이것은 '권위적 성격'이라고 일컬어져서 파시즘적 경향의 설명에 이용되었던 것이다.

좋다——싫다, 상——하 또는 우월——열등의 인간관계를 보았는데, 인간과 인간 사이의 감정을 이 두 가지 방향에서 분류하여 제29 그림과 같이 표시할 수 있다(클레치 및 클라치필드). 어떤 사람에게 열등감을 가진 인간은 그 사람이 좋아할 때는 상찬하고, 싫어할 때에는 비난한다. 우월감을 느낄 때에는 그 사람이 좋아하면 동정을 갖지만, 싫어할 때에는 깔보게 된다.

### 상호관계와 지각·감정

284

제29그림

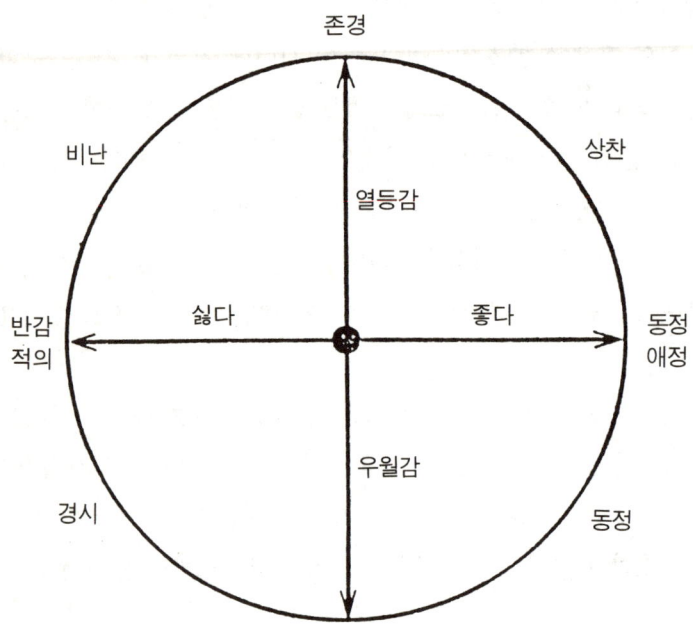

　상술한 것 같은 인간과 인간의 상호관계는 인간성의 많은 측면──지각(知覺)이라든가 감정 등──에도 변화를 준다.
　어두운 하늘에 하나의 별이 반짝이고 있다. 이것을 바라보고 있으면 움직이는 것처럼 보인다. 빛이 흔들리는 것처럼 느껴진다. 이 운동은 '옆으로 갈지도 몰라'하고 생각하면 옆으로 가고,

'아래로 내려간다'고 생각하면 내려가는 것처럼 느껴진다. 암시로 작용된다.

이 자기운동 효과(自己運動 效果)라고 하는 현상은 옛날부터 문제가 되고 있었는데 이 현상이 사회적인 힘, 집단력으로 고정되는 사실이 지적되었다(셰리프).

암실(暗室)에서 광점(光點)을 응시시키고 몇 센티 움직이는지를 실험한다. 3명의 인간에게 판단한 결과를 말하게 한다. 몇 번 반복하는 사이에 개인 간의 차이는 줄어들고, 세 사람 모두 거의 일치해 버린다.

우리들이 사물을 보거나 듣거나 하는 작용에는 사람들과 함께 있다고 하는 사실이 영향을 미치고 있다.

사람들 사이에 아무런 교섭적 관계가 없고, 상대에 대해서 암시를 주려고 하는 의도가 없는 경우에도 집단을 이루고 있다고 하는 것만으로 영향을 미칠 수 있는 것이다.

인간과 인간 사이의 지속적인 상호 관계도 역시 지각이나 감정에 영향을 미친다.

외계(外界)가 비뚤어져 보이는 렌즈가 부착된 안경이 있는데, 이것으로 볼 때 친한 사람은 친하지 않은 사람 만큼 비뚤어져 보이지 않는다고 하는 발표가 있다.

친숙함이라든가 호의라고 하는 인간관계가 타인에 대한 지각을 바꾸는 것이다. 이와 같은 문제가 대인 지각이라고 일컬어지고 있는(타기울리, 페트롤) 현상인데, 여기에서 지각이라고 불리고 있는 것은 우리들이 정의한 '감각기관에 의한 인지(認知)' 보다도 훨씬 넓은 의미를 갖고 있다.

확실히 이미 서술한 지가에 대한 연구는 이 경우에도 응용되고 있으며, 유사한 것은 그룹을 만든다든지(흑인은 흑인으로 한데 모인 것이 된다), 근접한 것은 하나가 된다(알제리아인과 이디오피아인은 같은 취급을 받는다)고 하는 사실이 주장되고 있지만, 지각이라고 하는 것 보다도 판단이나 해석에 관계된 것이 많다.

지각에는 판단이나 해석이 잠입해 있지만(정신병자에서 '적이 목을 졸라서 고통스럽다'고 하는 것 같은 환각인지, 망상인지 확실하지 않은 서술이 보이는 것은 그 점을 가리킨다) '학자와 함께 찍은 사진이 있으면 그 사람도 학자로 판단된다'라든지, 웃고 찍은 사진이 있으면 항상 싱글거리고 있는 사람으로 판단된다든지, 무서운 얼굴을 하고 있으면 거칠고 촌스러운 사람으로 간주된다고 하는 것을 억지로 지각이라고 하는 것은 정당하지 않다.

단, 이와 같은 문제가 다루어지게 된 것은 심리학이 구체적인 인간의 문제에 접근하려고 하는 경향의 표현이다.

불안과 같은 감정이 종종 인간관계의 결과라는 점은 임상심리학자가 인정하고 있는 사실이다.

불안한 사람과 접촉하고 있으면 불안해진다고 하는 사실은 암시나 자동적 모방과 동시에 다른 '공감'의 현상인데, 어머니와 아들이라고 하는 지속적인 인간관계가 있을 때, 어머니가 가진 불안한 감정 상태는 아이를 불안하게 만들고(설리반), 위험으로부터 자신을 지켜주리라고 믿고 있는 양친이 아이를 염려해 주지 않을 때 아이는 불안에 빠진다고 하는 것이다.

# 제3장
# 집단적 행동

### 군집심리(群集心理)

 사회심리를 사회적 환경에 있어서 개인 및 개인과 개인의 관계라고 하는 측면에서 본 후에 개인을 떠나서 집단의 문제를 생각하기로 한다. 지금까지 다루어 온 것은 숲 속의 나무였지만, 여기에서는 숲 전체를 관찰하고 싶다. 숲에 해당하는 것은 군집심리(群集心理), 세론(世論), 유행(流行)이라고 하는 현상이다.
 군집은 일시적으로 어떤 장소에서 직접 접촉하는 조직적이 아닌 사람들의 집합이라고 정의되는데, 특히 모두가 공통의 관심이라든가 욕구(가치)를 가지고 있는 사람을 말한다.
 사람들이 다수 집합했다고 하는 것만으로 서로 믿고, '불이다'하고 외치니까 영화관에서 우르르 도망쳐 나오는 경우 등도 사람들의 직접 접촉이지만 거기에서 볼 수 있는 것은 실제는

군집물리현상(群集物理現象)으로서 인간은 물의 흐름과 같은 유체(流體)와 비슷한 법칙에 지배된다. 그러나 인간의 집단에서 태도나 행동이 서로 자극하여 감정적 흥분이 고조되고, 많건 적건 같은 정동상태(情動狀態)를 보이기 때문에 군집심리현상으로 취급되는 것이다.

위와 같은 군집은 우연적 조건으로 발생하지만 사회적 조건이 중요한 원인이 되고 있는 경우도 많다.

첫째로 그것은 곤란한 상태에 당면했을 때(부적응일 때)의 적응방법으로서 이미 서술한 원시반응(原始反應)의 일종이다.

14세기의 유럽에 페스트가 대유행했을 때, 집단을 이루어 춤을 추며 돌아다니는 댄스광이 각지에 발생했다. 사람들이 춤추고 있는 모습을 보자 다른 사람들도 그 속에 뛰어 들어가서 춤을 추었지만 경련발작, 꿈과 같은 상태나 환각을 동반해서 나중에는 그 때의 일을 기억하고 있지 않았다.

이것은 가장 강도의 군집심리 현상인데, 동시에 히스테리 반응이라고도 할 수 있는 것이다.

나는 군집심리 현상 또는 군집화 현상은 히스테리 반응과 마찬가지로 원시적인 적응 방법이라고 생각했다. 양떼 중 한 마리가 위험을 느낄 때 다른 양이 이것을 따르는 것은 환경에 대한 적응에 도움이 되듯이 군집행동은 위기에 있어서의 반응방법으로 인정할 수 있으리라.

그것은 또한 마음 속의 소망이나 감정적 경향이 개인만의 힘으로는 충족되지 못할 때(욕구불만일 때) 타인과 함께 이것을 만족시키기 위한 방법이다. 이 소망은 군집행동의 목적으로서 정신분석 입장에서 군집심리는 억압된 소망의 해방 방법이라고 하는 설명이 이루어진 것은(마틴) 이 성질에 주목했기 때문일 것이다.

귀족에게 반감을 가지고 있어도 개개인으로서는 사회의 압력에 대항해서 이것을 발산시킬 수 없을 때 군집에 의지하게 된다. 군집은 개인의 자아감, 개인의 책임감을 저하시키고 사회

일부의 인정과 지지를 얻음으로써 소망을 달성한다. 봉건시대의 백성 봉기 등은 이 경우이다.

군집심리라고 하는 특별한 심리가 있을까. F·올포트는, 예를 들어 프랑스혁명의 군집은 이미 수 년 전부터 개개인이 같은 증오, 보복의 불꽃과 자유에 대한 갈망을 마음에 품고 있었던 것으로서 이것은 때에 이르러서 군집이라고 하는 형태로 불길이 되어 폭발했던 것으로, 아무 것도 새로운 것이 군집의 상태로 부가된 것 없이 단, 지금까지 있었던 감정이 강해져서 함께 행동하는 것이 군집의 성질이라고 논했다.

여기에 반해서 루본은 개인심리와 다른 '군집심리'가 발생한다고 주장하고, 암시되기 쉽고, 가볍게 타인을 믿음과 동시에 충동적으로 동요하기 쉽고, 곧 흥분한다고 하는 특징을 가진 특수한 심리가 생성된다고 했다. 군집을 구성하는 개인이 어떤 사람인지는 문제가 아니다. 그들의 생활 양식, 직업, 성격 또는 지성이 얼마나 비슷하든 다르든 상관없다. 그들이 군집이 되었다고 하는 이유로 일종의 집단심을 갖추게 된다. 그리고 개인이 독립해서 느끼고 생각하고 또 행동할 때와 전혀 다른 방법으로 느끼고, 생각하고, 행동시킨다. 이렇게 루본은 서술했던 것이다.

나는 군집심리가 '환경에 대한 적응 방법'이란 측면과 '개인의 소망 실현'이란 두 측면을 가진 것(경우에 따라서 앞의 측면이 전경에 서고, 때에 따라선 뒤의 측면이 전경에 선다)이라고 생각했는데, 환경에 대한 적응으로서는 개인 중에 일상은 존재하지 않는 방법이 채용된 것으로 루본이 말하는 '군집심리'라고

하는 특수한 것이 출현하고 있지만, 소망 실현의 측면에서 보면 개인이 가진 경향이 단지 격렬하게 표현되었다고 보아야 할 것이라고 믿는다.

### 세론(世論)과 태도(態度)

세론은 근대사회에서 특히 중요한 현상이 되었다. 세론(public

opinion)이란 '공공의 의견'이다. 사회 속에는 다른 의견이 있지만, 그것이 어느 정도 논해진 후, 말하자면 확고해져서(세론조사를 했을 때에 '모른다'고 하는 대답이 적어져서) 세론이 생긴다.

세론은 의견이기 때문에 태도와 같지 않다. 흑인 차별에 반대하는 의견을 가진 미국의 지식인이 실제의 행동이나 태도에 있어서는 차별을 한다. 태도는 행동에 대한 경향이지 사고방식이 아니다.

우리나라 사람은 노인을 존경하는 태도를 보이고, 미국인은 여성을 존중하는 태도를 가지고 있지만, 우리나라에는 노인 존중의 세론이 있다고는 말하지 않고, 미국에는 여성을 존중하는 세론이 있다고는 말하지 않는다. 태도는 행동과 결부되어 있지만, 세론은 언어로 표현한 의견이다.

그렇지만 상술한 것은 세론이 이지적(理智的)인 것이라고 하는 의미는 아니다. 우리들의 관념이나 사고가 얼마나 감정적인 것이며, 마음 내부의 컴플렉스에 의해 지배받는지는 이미 문제 삼아온 사실이지만 세론 즉, 사회의 일반적인 관념이나 사고도 예외는 아니다. 그리고 우리들의 생각이 자기 자신에 대한 위태인 경우가 있는 것처럼, 세론도 태도의 합리화인 경우가 적지 않다.

또한 세론과 사회적 태도는 별개의 것이지만, 보통은 양자는 평행하고, 전쟁 반대의 사회적 태도는 전쟁 반대의 세론을 형성한다.

세론과 태도는 이따금 판에 박힌 방식(스테레오 타입)이 된다. 틀에 박힌 방식이라고 하는 말을 월터 리프먼은 제창하고 '유다인은 탐욕스럽다', '저 남자는 좌익이다', '저 사람은 K지방 출신이다'라고 하는 것 같은 도장을 찍은 듯한 사고방식을 표현하려고 했다.

우리들은 유다인을 충분히 모른다. 어느 인간의 사상을 자세하게 검토하고 있을 여유도 없다. 그러나 우리들이 사회생활을 하고, 인간과 접촉하는 한 어떤 사람일까라고 하는 예상을 가지려고 한다.

이미 서술했듯이 어둠 속에서 분명하지 않은 것을 보았을 때는 그것이 나무라든가 인간이라든가 하는 '시도의 지각'을 가지고 이것에 따라서 행동한다. 그것은 적응을 위해서 필요한 수단으로서, 행동으로 인해 그것이 틀렸을 때에 이것을 정정한다.

'시도의 지각'은 그 사람의 욕구와 과거의 경험에 의한 마음 자세로 인해 주어진다. 사회생활에도 '시도의 지각'에 해당하는 것이 없어서는 안 되지만, 그 경우의 마음 자세는 세상에서 통용되고 있는 레디메이드의 사고 방식에 의한 것 이외에는 없다. 틀에 박힌 방식을 가지는 것은 행동을 위한 적응방법이다.

그러나 틀에 박힌 사고 방식은 사실을 상세하게 관찰해서 검토시키려고 시키지 않기 때문에 일종의 사고절약으로 판단을 그릇치게 한다. 근거 없이 개인, 집단, 인종, 국민, 주의(主義) 등을 나쁘게 생각하고 비호의적 태도를 취할 때, 이 생각을 편견이라고 하는데, 편견은 틀에 박힌 사고 방식의 일종이다. 이 편견이 차별(흑인 차별 등의)을 낳고, 편견을 낳고, 더욱이 차별

해 온 상대를 악인으로서 과도하게 비난하는 경우가 있고, 때로는 광신적(狂信的) 박해를 가하려고 하기에 이른다. 악인화(惡人化; scapegoating) 현상이다. 나치스 독일의 유태인 학살, 미국인에게 있어서 흑인 린치 등은 악인화가 앞서 서술한 군집화와 결부된 현상이라고 말할 수 있으리라.

**유행(流行)**

집단현상 중 오늘날의 사회에서 특히 현저한 것에 유행 현상이 있다.

유행은 의복, 노래, 말 등의 변화이지만, 사회가 인정한 것이라는 점, 비교적 단시간 계속되지 않는 점이 특징이다. 매스컴이 지배하는, 변화가 현저한 사회에 많다든가, '유행은 되풀이된다'고 하는 것처럼 반복되는 성질이 있다든가, 유행 기업에 지배당한다고 하는 연구가 이루어지고 있는데, 심리적 원인으로서는,

(1) 새로운 것을 요구하는 욕구.

(2) 타인이 하는 것처럼 하려고 하는 경향(컴포미티, 동조성) 즉, 버스에 늦게 타고 싶지 않은 기분.

(3) 자아 확대의 욕구 즉, 플레스티지(위신)를 갖고 싶다든가, 타인을 공격하고 싶다든가(여성은 유행 복장을 몸에 걸침으로써 동성을 깔보려고 한다), 열등감을 보완하려고 하는 욕구 등을 들 수 있다. 종종, 성적 매력을 만들기 위해서라고 하는 해석도 이루어지는데, 그것은 원인이라기 보다는 결과로서 매력을 증가시키기 위해서 유행을 쫓는다고 하기 보다는 유행 복장을 하기 때문에 이성에 대한 성적 매력을 발생시킨다고 할 수 있다.

### 선전(宣傳)

집단현상과 관계가 있는 것에 선전이 있다. 그것은 세론이나 태도를 변화시키는 계획이다.

선전을 잘 하기 위해서는 어떻게 해야 할까, 어떤 경우에 선전

이 받아들여지기 쉬운가라고 하는 연구가 많이 이루어지고 있는데, 이것은 물론 실제상의 필요에 의한 것이다.

선전이 효과를 발휘하기 위해서는 사회적 조건을 무시해서는 안되고, 개인이 가지고 있는 다양한 욕구——건강하고 싶다, 이성과 접촉하고 싶다, 남들보다 뛰어나고 싶다 등——를 만족시켜야 하고, 이전부터 사람들이 품고 있는 가치 즉, 좋은 것이라고 믿고 있는 것, 하고 싶다고 생각하고 있는 것과 모순되어서는 안된다.

또한 선전 기술로서는 감정에 호소하기 위해 단순하고 의논이 필요 없는 것, 주의를 끄는 것, '지금 곧'이라고 하는 호소를 하는 것이 좋으리라고 생각되고 있다.

선전과 마찬가지로 인간의 태도를 변화시키기 위한 계획은 교육이다. 도대체 교육과 선전에는 어떤 차이가 있을까.

우선 교육을 받는 개인을 위해서, 선전은——상품을 팔기 위해서라고 하는 것처럼——이것을 실시하는 사람을 위해서라고 한다. 그러나 교육이 국가 또는 지배계급을 위해 이루어진다고 생각되는 경우가 있고, 종교 선전 등이 개인의 행복을 위해서 이루어지지 않는다고는 말할 수 없다.

둘째로 교육은 먼 장래의 효과를 지향하고 이루어지지만, 선전은 일시적 효과를 목적으로 한다고 한다. 그러나 이 구별은 어렵다. 상품의 선전 때에는 그런 해석도 할 수 없는 것은 아니지만, 공산주의 선전이라고 하는 것은 일시적인 것이 아니다.

셋째로 교육은 거짓을 포함하고 있지 않지만, 선전에는 거짓이 있다고 한다. 거짓인지 거짓이 아닌지를 구별하기가 어려운

점을 제외하더라도 전시(戰時) 중의 교육은 거짓을 포함하는 경우가 많고, 선전에 있어서 사실에 입각한 것이 강조되는 경우도 적지 않다.

 넷째로 교육은 어떻게 생각해야 하는가(행동해야 하는가)를 생각하고, 선전은 무엇을 생각해야 하는가(어떻게 행동해야 하는가)를 생각하는 것이라고 하는 설이 있다. 교육은 자유를 존중하고, 인간의 자발성을 존중하지만, 선전은 '이렇게 생각해야 한다'로 하나의 주의를 주입해서 하나의 상품을 사게 하려고 하는 것이다.

그러나 실제는 교육이라고 일컬어지는 것 중에 자발성을 존중하지 않는 교육이 있고, 선전 중에도 자발성을 존중하는 선전이 있다. 민주주의 사회의 교육은 자발성 존중을 원칙으로 하는 것이지만, 이것은 이상(理想)에 불과하다고도 말할 수 있으리라.

결국 교육과 선전은 함께 이것을 행하는 사람에게 있어서 바람직하다고 생각되는 목적을 향해서 인간을 변화시켜가는 것인데, 이 목적이 가지고 있는 가치가 이미 승인되었을 때는 교육이고, 새로운 것으로 이론의 여지가 있을 때는 선전이라고 말할 수 있다.

이 설명은 교육과 선전에는 내용의(내재적인) 차이가 없음을 주장하는 것으로, 자본주의 사회에서는 사람들의 태도를 사회주의적으로 만들려고 하는 계획은 선전이고, 사회주의 사회에서는 사회교육이 된다.

상품의 선전에 대해서도 비타민제가 신경염(神經炎)에 좋다고 하는 것 같은 말은 확정된 말이기 때문에 위생교육이지만, '이 비타민제가 저 비타민제보다 좋다'고 하는 말은 일정하지 않기 때문에 선전이라고 하게 된다.

일반적으로 말하자면 교육은 개인을 환경에 적응시키기—이것은 가치 있는 일이다—위한 조직적, 의식적 노력이다.

그러나 환경에 대한 적응(우리들이 본서를 통해서 생각해 왔듯이 단순한 소극적 순응이 아니라, 적극적인 작용을 포함한

적응) 방법에는 이론의 여지가 없는 것과 이론이 있는 것이 있다.

첫째로 자연에 대한 적응을 위해서 물리, 화학, 수학을 가르친 다고 했을 때에는 이론이 없다. 교육이다.

둘째로 마찬가지로 자연에 대한 적응을 위해서라도, 이 약을 먹고, 이와 같은 정신요법을 실시해야 한다고 하는 경우가 되면 이론이 생긴다. 이론의 마음에도 불구하고 약을 팔고 싶기 때문에, 또한 사람들에게 자신의 신념을 심기 위해서 이 적응방법을 채용시키려고 하면 교육의 범위에서 밀려난다.

  셋째로 인간은 자연에 적응하고 있을 뿐만 아니라, 사회적 환경에도 적응하고 있는데, 이 중 일상의 사회생활에 대한 적응방법——타인과 협력할 수 있는 성질을 몸에 익힌다고 하는 것——은 그다지 문화의 차가 없는 한, 심한 차이는 없다. 오늘날의 사회에서 거의 이 적응방법이 승인되고 있는 한, 이것을 심어가는 일에는 이론이 없다. 교육이라 일컬어도 좋다.

  넷째로 일상의 사회생활을 초월한 것, 예를 들면 정치사상이라든가 종교사상이 되면 그것이 과연 적응에 쓸모가 있는지 어떤지라고 하는 의문이 사회 속에 존재할 것이다. 그렇게 되면 의문을 갖지 않은 사람에게는 교육이지만 의문을 가진 사람 또는 의문을 가진 사람의 존재를 생각하는 사람들에게는 선전이라고 하는 것이 될 것이다.

# 맺음말

　심리학은 폭이 넓은 학문이다. 뇌파(腦波)를 기록하거나 뇌의 내부에 전극을 꽂고(오늘날에는 직경 40만분의 1센티의 전극을 뇌 속의 하나의 세포 속에 삽입할 수 있다) 탐구하는 생리학적 심리학에 관심을 갖는 사람이 있고, 동물을 이용해서 그 행동의 연구를 하고 있는 비교 심리학자가 있다.
　한편 인식의 문제를 다루는 철학적 심리학도 있고, '사랑과 미움', '질투', '교만'이라고 하는 문제에 열중해 있는 모랄리스트의 전통을 계승한 심리학자도 있다.
　인간은 다른 생물과 마찬가지로 태어나서 성장하고 늙어서 죽지만, 유아, 아동, 청년 등의 발달 심리학의 연구는 종래부터 활발했다. 오늘날에는 더욱 더 노인 심리의 연구도 활발해지게 되었다.
　예전에는 철학을 기초로 하던 인문사회과학이 오늘날에는 심리학을 토대로 하는 것으로 생각되게 된 것은 말할 필요도 없을 것이다.
　'인간성'은 이론적 심리학의 중심문제이지만 사회는 심리학의 실제생활에 대한 적용을 요구하고 있다. 교육이나 직업 지도에는 이전부터 심리학적 연구가 도움이 되고 있지만, 산업 방면에 대한 응용도 무시할 수 없다. 색채는 화학자가 관심을 가지고,

건축가가 흥미를 보이고, 또한 색채 텔레비전 등의 관계로 전기 전문가도 다루고 있지만, 중심은 심리학이고 향료라든가 주류 (酒類)의 맛 등은 미각(味覺)이나 후각(後覺)이라고 하는 심리학의 영역에서 벗어난 것은 아니다.

 기계와 인간의 문제 즉, 어떤 설계가 사용하는 인간에게 적합한가 하는 '인간공학'은 심리학 없이는 성립하지 못하고, 산업의 안전을 목적으로 사고나 재해를 방지하는 '안전공학(安全工學)'도 마찬가지이다.

 건축 전문가들은 심리학자의 견해를 구하게 되어 미국 건축회사의 조사결과에서는 건축가가 되기 위해서는 대학에서 배워야할 학과 중 심리학을 상당히 중요한 것으로 여기고 있다. 도시계획에는 인간과 환경을 고려하지 않으면 안되는데, 인간생태학(人間生態學)의 정신적 측면은 심리학의 일이다.

 항공 심리학은 항공에 관한 많은 공헌을 했고, 오늘날에는 우주 심리학의 분야에도 범위를 확대해서 무중력(無重力)하에 있어서의 행동 등이 테마가 되고 있다.

 산업 심리학은 기업내의 능률를 올리기 위한 연구 외에 선전이나 광고에 관한 것도 있고, 어째서 이 상품을 사게 되었는가 하는 동기 조사 등도 있다.

 사법 관계에서는 재판심리, 범죄자나 비행 청소년의 사회복귀를 목적으로 하는 교정 심리학(矯正 心理學)등이 있는데, 범죄 수사에 있어서도 심리학은 널리 응용되고 있다.

 노이로제나 정신박약 등의 진단이나 정신요법이 정신의학자 뿐만 아니라, 심리학자에게 취급되고 있는 사실은 일반에 알려져 있는 바와 같고, 결핵환자의 아프터케어나 지체부자유자의 재교육에 심리학자가 진출했다. 오늘날 임상 심리학은 심리학 중에서 매우 중요한 위치를 차지하기에 이르고 있다. '약물 심리학'은 이론적인 생리학적 심리학이나 성격 연구의 일부일 뿐만 아니라, 약의 실제적 사용을 위해서도 필요하다.

이와 같이 심리학의 범위는 현저하게 광범위에 걸쳐 있기 때문에 이 책과 같은 형태의 서적으로 그 모든 것을 언급하는 일은 도저히 바랄 수 없다. 응용심리학이라고 일컬어지는 부문은 전혀 다루지 않았다.

본서에서 나는 이 넓은 심리학의 토대인 인간성을 분명히 밝히려고 했던 것이다. 우리나라 개론서에는 생리학적 심리학을 문제로 할 때와 임상 심리학을 다룰 때, 전혀 다른 입장을 취하고 태연하게 있는 것이 적지 않다. 장님이 코끼리를 쓰다듬는 비유와 같이 인간성의 각 단편을 보고하고 있는데 불과한 것 같은 인상을 받는 부분도 많고, 각국의 업적을 수입해서 나열한 부분도 있다.

이 책에서는 새로운 연구 업적도 받아들였지만, 나는 내 입장에 따라서 이것을 통일하려고 했다.

나는 심리학은 인간성을 무시해서는 안된다고 생각하는 까닭에 병리법(病理法)과 같이 구체적인 인간을 다루는 방법의 필요성을 강조하고, 다른 선진과학을 모방해서 소수점 이하 몇 자리까지의 정확성에만 관심을 갖는 입장을 취하지 않는다. 그러나 인간 및 사회의 제문제에 대해서 상식적이고 제멋대로인 해석을 하는 사회심리학자나 임상심리학자의 태도 만큼 비난할 가치가 있는 것은 없다고 믿고, 병리법과 함께 실험법이나 통계법의 불가결함을 강조한다.
 이 책을 완성하는데 즈음해서 나는 일관하여 이같은 입장을 견지했던 것이다.

### 재미있는 심리학 이야기

인쇄일자/ 2000년 3월 15일 재판인쇄
발행일자/ 2000년 3월 25일 재판발행

지은이/ 미야기 오토야
옮긴이/ 황 국 산
펴낸이/ 최 상 일
펴낸곳/ 태 을 출 판 사

등록/ 제4-10호(1973. 1.10)
주소/서울특별시 강남구 도곡동 959-19

ⓒ1999, TAE-EUL publishing Co., printed in Korea
잘못된 책은 교환해 드립니다.

■ 주문 및 연락처
우편번호 100-456
서울특별시 중구 신당6동 52-107(동아빌딩 내)
전화/2237-5577 팩스/2233-6166

ISBN 89-493-0099-0

# 太乙出版社 · 株테크시리즈

### 株테크시리즈 ① 초보자를 위한 주식입문

▶주식투자는 막상 해보면 될듯 될듯하면서도 사실은 잘 되지 않는다. 바로 여기에 문제가 있다. 이 책은 주식의 "주(株)"자(字)도 모르는 초보자를 위하여 만들어진 주식투자 비결의 "첫 걸음"이다. 이제 주식을 처음 시작하려고 하는 독자 여러분에게는 상당한 도움이 될 줄로 믿는다.

### 株테크시리즈 ② 실패하지 않는 주식가이드

▶"서두르지 말라. 아는 길도 물어서 가라." "당신의 투자는 당신 스스로 결정하라. 남의 말은 다만 참고로써만 경청하라." 이러한 말들은 이미 주식을 수십년 동안 매만지고 경험한 선배들의 뼈있는 충고이다. 주식투자는 모름지기 결과가 중요한 것이다. 그래서 그 과정은 더욱 중요하다고 할 수 있다. 그런면에서 이 책은 상당한 도움이 될 것이다.

### 株테크시리즈 ③ 적은 돈으로 주식을 사서 성공하는 법

▶돈이 적다고 해서 낙망할 것은 결코 없다. 돈이 적으면 적은대로 효과적인 투자를 하면 의외로 자금을 풍성하게 불려갈 수 있다. 처음에는 가능성 있는 주식을 10주씩 사모아 가는데서부터 출발한다면 점점 흥미있는 투자로 발전할 수 있을 것이다. 이 책은 여유자금이 적은 사람들을 위하여 기획한 초보자용 주식투자 가이드이다.

### 株테크시리즈 ④ 백전백승 주식투자 이렇게 벌어라

▶주식은 사는 것도 중요하지만 더욱 중요한 것은 어떻게 파느냐 하는 것이다. 이 책은 무분별하게 주식투자에 손을 대려고 하는 일반 투자자를 보호하기 위한 주식 실전 교과서이다. 끝없이 싸워서 결코 패배하지 않는 방법을 찾는 것이 바로 이 책의 키포인트인 「백전백승의 비법」인 것이다.

### 株테크시리즈 ⑤ 주식 프로의 투자비법

▶주식은 타이밍이 문제이다. 인생에도 기회가 있듯이 주식에도 타이밍이 있다. 주식투자의 주요 목적은 얼마만큼 싸게 사서 얼마만큼 비싸게 파느냐 하는 것이다. 여기에는 당연히 타이밍이 개입되지 않을 수 없다. 이 책은 주식의 프로가 되고 싶은 독자를 위하여 엮어진 주식투자의 가이드이다.

---

太乙出版社　서울특별시 중구 신당6동 52-107(동아빌딩 내)
전화/2237-5577　팩스/2233-6166　　각권 7,000원